雇用身分社会

森岡孝二
Koji Morioka

岩波新書
1568

目　次

＊引用文については、原則として新字・新かな遣いとした。また、一部、文意をそこなわないかたちで表現を修正したところもある。
なお本書には、今日の観点から見た場合、不適切な表現があるが、背景となる時代性を考慮して、原文どおりとした。

序章　気がつけば日本は雇用身分社会

派遣は社員食堂を利用できない？

あるとき私は、ネット検索をしていて職場における派遣労働者のつらい立場をめぐる討論を見つけた。それで思うところがあって、NPO法人「働き方ASU－NET」のホームページに連載中のエッセイに「ネット上で派遣の社員食堂利用禁止をめぐって大討論」(二五三回、二〇一四年三月二六日)と題して拙文を書いた。いつもなら更新した日のアクセス件数は多くて二〇〇～三〇〇件というところであるが、このときは一晩で二〇〇〇件を超え、二〇一五年九月現在で七五〇〇件に達している。このネット討論では、社員食堂から派遣労働者を締め出している企業に対してだけでなく、「ルール違反」をして社員食堂でランチを取っている派遣労働者に対しても非難が向けられている。この討論を追跡すると、派遣労働者のなかには、こんな差別は許せないという意識と、待遇に差別があってもしかたがないという意識が混在しているのではないかと思えてくる。

以下に、やや長いが、当の拙文を全文引用しておく。なお、ここで紹介するネット情報はこれを書いた時点のもので、この件をめぐるその後の会社の対応や議論の経過については本書では触れない。

派遣労働者が派遣先の社員食堂を利用できない会社があることについては前から問題になってきました。

それがここにきて議論に火がついた感じになっています。おそらく派遣の恒久化を意図した制度改悪が急を告げていることと無関係ではないように思われます。

やり玉に挙がっている一例は楽天です。パナソニックの例も挙がっていますが、楽天は食堂も正社員以外には使わせずに、派遣社員に対しては近くのイオンスーパーのフードコートを利用するように指示しているようです。

別のサイトには、楽天で派遣の面接を受け、「面接前に派遣会社の社員にハッキリと「派遣社員は食堂利用不可」と言われました。面接時に楽天社員にも質問しましたが、同じ答えでした」という体験談が出ています（派遣先の面接は禁止されているはずなのに、楽天では面接をしているのでしょうか）。

こういう派遣社員の締め出しに対して、抗議の声が上がっています。「三木谷は英語を社用語にする前に、食堂を派遣労働者に解放しろ！」という書き込みもあります。派遣先は「（派遣労働者に対して）その雇用する労働者（社員）が通常利用している診療所、給食施設等の施設の利用に関する便宜を図るよう努めなければならない」という厚生労働省の「派遣先が講ずべき措置に関する指針」を持ち出して、「このIT企業は、労働者派遣法の趣旨やガイドラインに違反しているといえるのではないでしょうか」というコメントも寄せられています。

しかし、矛先を派遣労働者に向けている意見もあります。あるサイトでは、正社員と仲がいいからか、社員食堂でランチを取っている派遣のAさんに対して、同じ職場の派遣労働者が、「これが人事にばれたらA自身だけでなく、普通に書庫で食べてる私らまで契約解除されるでしょう」「確かなのはAにはルール違反してるという自覚が全くないことです」「明日は集団で食堂に乗り込んで、Aを首に縄つけてでも書庫に引っ張りこんで飯を食わせる予定」と書いています。別の派遣労働者は、「自分は食堂(利用禁止)ルールは理不尽だとも思ってないし、非正規である以上当然だと思います」という感想を漏らしています。

実は社員食堂の労働者も派遣かもしれません。上で紹介したサイトとは別のあるサイトでは、社員食堂でまかないとして働くようになったばかりの派遣労働者の女性が、「OKWave」のQ&Aコーナーに、仕事を辞めるべきかどうかについて以下のような理由を付して質問しています。「食事の時以外座ることはありません。毎日足が棒のようになり辛《つら》いです」「蒸気＋蒸れで気持ち悪くなります」「常に指示待ちです」「（お金が必要なのに）足が疲れきってかけもちができる状態ではありません」。

「労働者の格に応じて使えるトイレを分けている会社もあるよ」というコメントも見ました。派遣労働者に対する福利厚生差別の根は深いようです。

パートでも過労とストレスが広がる

パートタイム労働者は、低時給、短時間、短期雇用で三重に経済的自立が困難な状況におかれている。パートのなかには低時給であることに変わりはないが「フルタイム」の人も少なくない。最近の総務省「労働力調査」で見ると、勤め先で「パート」と呼ばれている女性の四人に一人は、週三五時間以上働く「フルタイム労働者」である。なかには、週六〇時間以上働き、月八〇時間以上の残業をしている者もいる。二〇一三年一二月一七日の『日本経済新聞』夕刊は、「ブラック企業、パート残業月一七〇時間も　過酷労働浮き彫り」という見出しで、若者の「使い捨て」が疑われる企業に対する厚労省の重点監督結果を伝えている。

最近ではパートタイム労働者は、雇用調整の容易な低賃金労働者であるにもかかわらず、いやそうだからこそ、基幹労働力の有力な部隊として以前にもましてハードワークを強いられるようになってきた。労働者が過労とストレスでうつ病になり休職や退職を余儀なくされるケースは、正社員だけでなく、パートのあいだにも広がっている。私が『高知新聞』(二〇一四年五月二日)の取材を受けてコメントをした次の二つの事例は、パートタイム労働者のあいだでも「使い潰し」と「心の病」が深刻な問題になっていることを告発している。

一人は、高知市内のバス運行会社のパートの仕事で、高速バスの車内清掃、トイレの汚物処理、窓ガラス拭きなどをしていた六四歳の女性。仕事は朝五時半から夕方四時半まで。契約書に就業時間の記載はなく、タイムカードも、残業代もなし。同僚からの嫌がらせの電話が毎晩のようにかかり、夜中の電話もあった。体重は七キロ落ち、円形脱毛症になった。我慢が切れて職場で号泣。医師の診断は「うつ病」だった。

もう一人は経営していた飲食店が潰れ、高知市内のドラッグストアで、夕方から夜を中心に、レジのパートで働いていた五一歳の女性。店員一二人のうち、正社員は店長を含む二人だけ。パートの多くは一か月ほどで辞めていく。二〇一四年三月、消費増税前の駆け込み需要で店は大混雑で長蛇の列。気がつくとレジの台をガンガン殴っていた。病院に駆け込み、診察室で泣きわめいた。診断はやはり「うつ病」。勤め始めて三年半。時給は七五〇円から一円も上がらなかった。

最近、学生アルバイトのなかに「ブラックバイト」が増えていることが問題になっているが、この記事で紹介されている二人の女性パートタイム労働者の働かされ方は、さながら「ブラックパート」ではないかと思える。

パートの労働条件が悪いのは賃金や労働時間だけではない。Ｙａｈｏｏ！の「知恵袋」(二〇一三年一一月一三日)にはこんな質問もある。

ひとり暮らしフルタイムパートです。勤務先（ブラック企業）月の給料額面一二万……。先週も連続で体調不良で休む。気鬱《きうつ》で会社に行くのがつらい。でも唯一の収入源と社会とのつながり……。こんな時代、仕事があるだけでもありがたく思うべきでしょうか？　特にやりたいことはありません。ただこのままズルズルと会社に行けなくなりそうです。ご意見ください。

補足　一二万は額面で社会保険は条件は満たしていますが加入させてもらえません。ほぼ最低賃金です。給料日が全然楽しみではありません。

ネット上にはこれに似た書き込みが溢れている。賞与なし、諸手当なし、有休なし、昇給・昇進なし、社会保険なし、福利厚生なし、給与明細書なし、退職金なし、働きがいなし、尊厳なしの低時給の長時間労働。しかも細切れ雇用の使い捨て。パートがこんな働かされ方であっていいはずない。

使い潰されるブラック企業の若者たち

「ブラック企業」というレッテルは、いまでは労働条件の酷いアルバイトやパートについてもいわれることがある。しかし、もともとはこの言葉は、正社員、それも新卒入社間もない若者を違法な労働条件で働かせている疑いのある企業を指して用いられてきた。

私が確認した範囲では、この言葉の最初期の使用例の一つは、二〇〇五年七月二五日の日付がある「ブラック企業の見抜き方(パクリ)」と題された情報である。"Spoichi"「(横浜)市立大学スポーツ紙」を名乗るこのブログは、ブラック企業(あるいは「ブラック会社」)の特徴として何十という注意項目を列挙している。そのなかからいくつか抜き出して紹介する。見出しに「(パクリ)」とあるので他の媒体からの転載かもしれない。

- 求人広告の条件内容に明らかなウソやゴマカシがある
- 歩合給部分の比率が高く、年齢や勤続年数の割にモデル年収が高すぎる会社
- 募集広告で夢とか熱意とかやる気とか、やたらと精神論を並べている会社
- 残業するのが当たり前の社風
- 休日返上当たり前の社風
- 新入社員が試用期間中に退職していく
- 入社後三年以内の離職率が高い
- 体力勝負で数年後にボロボロになった挙げ句ポイ捨てされる
- 経営者の私的な用事に社員が動員されている
- 労働組合がない、作ろうとした者が解雇された過去がある

その後二〇〇六年あたりから「ブラック企業」という言葉は、ネットスラングとして徐々に広がった。〇八年には、「2ちゃんねる」への書き込みを題材にして、黒井勇人の筆名で『ブラック会社に勤めてるんだが、もう俺は限界かもしれない』という小説が出版され、〇九年には同名の映画も製作された。折しもリーマンショック後の大不況で、大量の「派遣切り」があ

り、一〇年には就職難が「新氷河期」といわれるほど深刻化したことを背景に、「ブラック企業」という言葉が大学生のあいだに広がった。大阪過労死問題連絡会が「若年労働者の過労死・過労自殺〔自死〕からみるブラック企業の見分けかた」をテーマにシンポジウムを開催し、私が「大学生の就職活動と就職後の働きかた」について報告したのは、一〇年一一月であった（森岡編『就活とブラック企業』）。このシンポジウムに予想外に多くの学生の参加があった。そのことも、当時すでに「ブラック企業」が学生のあいだで広く関心を呼んでいたことを示している。同年末には、パワハラ、残業代未払い、長時間労働、派遣差別などがある企業を対象に一般投票を経て発表される「ブラック企業大賞」がスタートした。

ブラック企業問題への世間の関心が飛躍的に高まったのは二〇一三年である。前年一二月の総選挙の結果、第二次安倍内閣が発足した。その後「アベノミクス」で雇用が改善されるという触れ込みとは裏腹に、日本の若者の職場が酷い状況になっていることが誰の目にも明らかになってきて、政府・厚労省も取り上げざるを得ないほどに、「ブラック企業」が大きな社会問題になってきた。その火付け役となったのは一二年一一月に刊行された今野晴貴『ブラック企業――日本を食いつぶす妖怪』である。

同書について私は社会政策学会誌『社会政策』（第六巻一号、二〇一四年九月）で書評した。以下はそこに書いたことだが、圧巻は、若い労働者の企業への異常なまでの従属と凄まじい人格破壊の実態を生々しくえぐった第1章「ブラック企業の実態」である。著者の今野が代表を務めるNPO法人POSSE《ポッセ》で受けた多数の労働相談にもとづいているだけにリアリティがある(以下、社名と人名の略号はアルファベットの順に改めた)。

最初の事例として取り上げられているのは、一〇〇〇人近い従業員を抱える都内のITコンサルティング会社のX社である。事業の大半はIT関連企業への従業員派遣だという。二〇〇九年三月に最初の相談に来た同社のAさん(男性)は、「面談」や「カウンセリング」と称して、毎日数時間にも及ぶ退職強要を受けていた。ほどなく二人の同僚も訪れ、結局は同社からの相談者は七人にのぼった。

そのなかの一人のBさん(男性)の話では、この会社では派遣先が見つからないでいると「アベイラブル」(available, 未稼働)とされ、「コスト＝赤字」と見なされて、「教育」という名の退職強要を受けることになる。客先に派遣される「デリバリー」と呼ばれるコンサルタントであった彼は、毎日カウンセリングに呼び出され、おまえは「仕事は無理」「人間として根本的におかしい」「自分史を書いて来い」「リボーン(生まれ変わり)させたい」などと叱責された。そのなかには、働くとは何かをホームレスの人に聞き、レポートにまとめるという課題もあった。

そういう無理な命令も拒否できずに、Bさんはだんだんと自信をなくし、「自分はダメなもの」という意識をもつようになり、結局、会社の意図する「自己都合退職」に追い込まれた。このように「自分が悪い」と思う状況を作り出すことが、ブラック企業の労務管理の特徴である。

Cさん（男性）は、「仕事が遅い」という理由で、営業部内の社長アシスタントの仕事に就かされ、グレー無地のスウェットでの通勤・勤務を命じられ、就業時間外でも呼ばれれば、社長の出迎え、カバン持ち、副社長のペットの散歩などをさせられた。新人研修後、これらの雑用に加え、稼働管理という部署の仕事をさせられていたCさんの時間外労働（残業）は、一日平均五時間にも及んだ。結局、傍目にも痩せて顔色が悪くなるほど消耗させられて、配属三か月後に「自己都合」で退職せざるを得なくなった。

X社では毎年二〇〇人を採用し、二年後には半数になるという。こうした雇い方と辞めさせ方が罷り通るのは、労働市場に「代わりがいくらでもいる」からである。

衣料品販売大手のY社も、「ブラック企業」の典型である。業務が原因の精神疾患でY社を辞めたあと、POSSEが行った東日本大震災後のボランティア活動への参加を申し出た女性によれば、同社では入社一年目に同期の半分くらいが辞めている。他に同社の何人かの女性の話を総合すると、Y社では、入社直前の三月一日からの一週間と、四月初め、五月初め、ゴールデンウイークの後ぐらいに、それぞれ三～四日間、「宗教みたい」な研修が続いた。そこではマナー、おじぎ、あいさつの仕方などが、姿勢、表情、手の挙げ方にいたるまで細かに指示された。

研修までに企業理念などを覚えてこいという宿題があって、入社式の前にテストもあった。丸暗記してグループ全員の連帯責任で順番に唱える課題もあった。二～三時間かけても言えないグループは、次の日まで続く。

Dさん（女性）が言うには、はじめは違和感をもっていた新卒者たちも次第に「染まっていった」。「染まったほうが楽」で、講師が質問を言い終わった瞬間、みんな我先に「ハイッ」と言うようになった。Eさん（女性）の周囲では、最初は四〇人ほどいた同期も五月の研修では六人減った。辞めるのを織り込み済みで、耐えられるかどうかを試している。耐えて残った者は極度に「従順」な人間に作り替えられる。

X社でもY社でも、ブラック企業は、入社しても終わらない「選抜」があり、入社早々から社員は会社への極端な「従順さ」を強いられる点で共通している。労務管理が劣悪なのは、経営が厳しいからではなく、人材の使い潰しが成長の条件になっているからである。いくら好景気になろうが、世界最大の業績を上げようが、代わりの若者がいるかぎり社員の待遇は変わることはない。それが雇用の非正規化を背景とする厳選採用のなかで、苦労して正社員になれた新卒労働者を待ち受けている職場の現実である。

以上、今野が明らかにしたブラック企業における若者の働かせ方・辞めさせ方は、正社員の職場においてさえ、労働条件の底が抜けたような状況が出現していることを物語っている。いまでは、パート・アルバイト、派遣などの非正規労働者が全労働者の四割を占め、一五歳から二四歳までの若年層では在学中のアルバイト・パート従事者を含めれば二人に一人は非正規労働者である。それほどまでに雇用の非正規化が進むなかで、「代わりはいくらでもいる」という状況が労働者間の競争を強め、その圧力がグローバル化の圧力と相まって、正社員の労働条件を悪化させ、労働基準法無視の労働者酷使が広がってきたのである。またその過程で業務に起因する過重労働と過剰ストレスが深刻化し、過労死と過労自殺が広がってきたのである。

現代日本を雇用身分社会から観察する

現代用語のなかには、それが創られ広まることによって、ある社会事象が突然のように万人の知るところとなるものがある。それは、存在していながらあまり気づかれていなかった現象が、それを端的に表す言葉が探し当てられ、その言葉のレンズを通すことによって、多くの人びとの目にいっそうはっきりと入るようになることを意味している。

一九八〇年代の末に急速に広まった「過労死」という言葉もその一つである。一〇年ほど前から広く使われるようになった「格差社会」もその例にもれない。当初は「意欲格差社会」「教育格差社会」「希望格差社会」「健康格差社会」といった使われ方をしていたが、二〇〇五年ころから、富と貧困との対立を含んだ不平等な社会経済構造を指して用いられるようになってきた。

二〇〇五年夏、私は『働きすぎの時代』を著した。ちょうどそのころから、「格差社会」が政治問題化し始め、雇用と労働をめぐる議論が忽然と巻き起こってきた。その背景には、労働分野の規制緩和によって、正社員の働きすぎと非正規労働者の増加が誰の目にも見えるようになり、「働き方」の問題が人びとの大きな関心になってきたという事情がある。

私はまた、丹念な取材でアメリカの貧困を明らかにしたデイヴィッド・K・シプラー『ワーキング・プア――アメリカの下層社会』の翻訳出版にかかわった。原書が出たのは二〇〇四年二月であったが、当時、日本ではワーキングプアという言葉はまだほとんど使われていなかった。しかし、その後、この言葉は「貧困化」する日本の現実を表す言葉として広く語られるようになり、〇六年には「NHKスペシャル」が二度にわたって「ワーキングプア」の特報番組を放映し、大きな反響を呼んだ。それをきっかけに、勤勉に働いているのにあまりに賃金が低く生活に困窮している労働者を広くワーキングプアと呼ぶようになった。それとともに、格差と並んで貧困が社会問題、さらには政治問題になった。

しかし、この間の日本の労働社会の変化は「格差社会」や「貧困社会」の出現に注目するだけではとらえきれない。この間に人びとのあいだで、政府の進める「雇用改革」と関連して、「働き方」という言葉が広く使われてきた。この隠れた最大のキーワードともいえる「働き方」の変化と、それがもたらした日本の社会の労働と生活の変化は、本書の表題にいう「雇用身分社会」を抜きには語りえない。

日本では、ここ三〇年ほど、経済界も政府も「雇用形態の多様化」を進めてきた。パートタイム労働者が徐々に増え始めるのは一九六〇年代後半であるが、七〇年代から八〇年代にかけて増加の歩を速め、九〇年代に入ると、女性のパート化が勢いを強めただけでなく、男性のあいだでもパート化が一段と進み始めた。その過程でアルバイト、派遣、契約社員も大幅に増え、労働者の大多数が正社員・正職員であった時代が終わった。そして、あたかも企業内の雇用の階層構造を社会全体に押し広げたかのように、働く人びとが総合職正社員、一般職正社員、限定正社員、嘱託社員、契約社員、パート・アルバイト、派遣労働者のいずれかの身分に引き裂かれた「雇用身分社会」が出現した。

ここにあるのは単なる雇用・就労形態の違いではない。それぞれの雇用・就労形態のあいだには雇用の安定性の有無、給与所得の大小、労働条件の優劣、法的保護の強弱、社会的地位（ないし評価）の高低、などにおいて身分的差別ともいえる深刻な格差が存在する。

一般に「身分」とは「社会における人びとの地位や職業の序列」を意味する。身分社会では、人びとは社会のなかで職業集団と重なる一定の身分集団に属し、いろいろな身分集団が上下関係をともなった階層的な秩序（ヒエラルキー）をなしている。中世のヨーロッパでは、聖職者、貴族、市民、農民、江戸時代の日本では、武士、町人（職人や商人）、百姓（農民）を例に挙げることができる。古今東西を問わず、大区分としての身分は、さらにさまざまな細かな身分に分けられている。

本書でいう雇用身分は、もちろん中世や近世における階級的な差異をともなった身分とは異なる。かつての身分制は、武士と農民のように、異なる階級間の支配・被支配の関係を含んでいたが、現代ではそうではない。現代日本の雇用身分制は、賃金その他の労働条件において比較的恵まれた地位とそうでない地位とのあいだの一定の序列をともなってはいるが、異なる階級間ではなく、労働者階級という同一階級内部での異なる階層間の関係を表している。恵まれた地位の正社員であっても、しょせんは企業に雇用されて働かされる労働者である。

日常語では、「身分」という言葉は「正社員の身分」や「身分を失う」という表現に見られるように、社会的に優位な地位や保護された立場を指して用いられることが多い。しかし、それにかぎらず、賃金やその他の労働条件において劣った職業的地位についても、「身分」という言葉を使うことができるし、実際に使われてもいる。職業とステイタスの関係についても同じことがいえる。ステイタスという言葉も社会的地位が高い職業について使われることが多いが、低い場合に使っても差し支えない。

かつてと違って現代では「法の前の平等」の原則が確立し、たてまえとしては基本的人権の尊重や個人の尊厳が承認されている。しかも、職業選択と住居移動の自由が認められた資本主義社会では、人びとは市民として自由で対等平等な関係を取り結んでいると考えられている。しかし、ひとたび現代日本の雇用の現実を直視すると、雇用が「社会における人びとの地位や職業の序列」を作り出している面があることは否定できない。この序列は企業内を超え出て雇用形態間の身分差が作り出す社会的序列であって、「雇用形態の多様化」という概念ではとらえきれない。

第二次世界大戦前の日本では、社員と準社員のあいだにも、職員（社員・準社員）と工員のあいだにも、歴然とした雇用身分上の差別があった。また、工場で働く「女工」もオフィスで働く「女子事務員」も、身分上は会社の正規の構成員とは見なされていなかった(野村正實『日本的雇用慣行』)。第二次大戦後の日本社会の民主化の過程で、職員・工員間の身分差別はなくなった。しかし、男女差別は、憲法で両性の平等がうたわれ、労働基準法で男女同一賃金の原則が規定されたにもかかわらず、さまざまな性別格差のかたちをとって残り続けた。そして、ほかでもなくそのことが戦後数十年を経て新たな雇用身分社会が出現する温床となったということができる。

現代日本の雇用身分社会を大きく二分するのは正規労働者と非正規労働者である。両者の違いは、「高卒」や「大卒」という学歴の差と無関係ではない。しかし、男性正社員と女性パートを比べればわかるように、正規・非正規という雇用形態の違いによる賃金格差は、学歴の違いによる賃金格差よりはるかに大きい。

パートの多くは、すでに述べたように、低時給にして有期雇用の短時間労働者で、何年勤めても賞与、諸手当、昇給・昇進、退職金、福利厚生、社会保険などがないか、ほとんどない。勤め先で「パート」と呼ばれていても、正社員並みにフルタイムで働いている者も少なくないが、その場合も、低時給の有期雇用であることには変わりなく、賞与や福利厚生はないか、あってもわずかしかない。

勤め先で「アルバイト」と呼ばれている労働者は、パートと比べて男性が多いが、たとえばユニクロの販売スタッフの求人では女性パートもアルバイトと呼ばれている。学生のアルバイトを含め、慣習的呼称ではパートと区別されても、実態はパートとほとんど異ならない。

契約社員は工場の期間工を入れれば、労働者総数の五〜六％を占めるが、金融や保険などの事務職では一〇〜二〇％を占めることもある。時給はパートより高いが、正社員とほとんど同じような仕事をしていても、昇給・昇進とは無縁で、退職金も年金もないか、あってもわずかしかない。有期雇用であるために、契約期間は一年もあれば五年もあるが、更新を何回繰り返しても正社員には、特別の移行措置でもないかぎり、例外的にしかなれず、会社都合で容易に雇い止めになる。

派遣労働者は派遣先企業の都合次第で受け入れられ、景気が悪化すれば真っ先に切られる。派遣労働者は、派遣元に雇用されているという形式をとっていても、派遣先とは雇用関係がない点で、また派遣元と派遣先の派遣契約が成立し継続している場合にのみ仕事がある点で、きわめて不安定な間接的・擬似的な雇用身分である。そのために、派遣労働者は、正規労働者に比べると、教育・訓練、医療・福祉、福利厚生、社会保険などから排除されていることが多い。

さらに、派遣元にも派遣先にも働く仲間が集まる場がないことで、労働組合の結成を困難にされ、事実上、団結権と団体交渉権が制限されている。

パートやアルバイトや派遣は、正社員と違って、たいてい社用メールのアドレスを割り当てられていない。固有名詞ではなく、「パートさん」「アルバイトさん」「派遣さん」と呼ばれる職場もある。職場の社員名簿や職員名簿に名前がないことも多い。

身分差は正社員のなかにもある。同じく正社員であっても、男性の多い総合職に比べて、女性の多い一般職は、職務、勤務地、労働時間などが限定されているうえに、初任給が低く、昇給カーブが緩やかで、昇格や昇進の機会が少ない。

そうした正社員間の身分差に加えて、政府は、雇用改革を成長戦略の重要な柱に位置づけ、正社員のあいだにさらに楔《くさび》を打ち込む「限定正社員」の導入や、中堅・幹部正社員の残業代をゼロにする「新たな労働時間制度」(高度プロフェッショナル制度)の導入を強行しようとしている。パートや派遣による正社員の代替がすすみ、労働法による労働者の保護が弱まってきた現代では、正社員は、時間に縛られて「奴隷」的に働くか、酷使されたあげくに追い出されて労働市場を漂流するかの選択を迫られるような状況におかれている。その意味で、いまでは正社員も手放しに恵まれた雇用身分であるということはできない。

戦後日本における雇用身分社会の成立は、萌芽的には一九七〇年代末から八〇年代初めにさかのぼる。この時期に、低賃金で有期雇用のパートが増加して女性の一般的な働き方になるなかで、長期雇用で賃金や福利厚生で恵まれた一般労働者が「正社員」として観念されるようになった。「会社人間」という用語が定着するのも「正社員」と同じく、八〇年前後である。

これに続く一九八五年の労働者派遣法成立後の派遣労働者の増加は、雇用形態の多様化に拍車を掛けずにはおかなかった。そればかりか派遣というまともな雇用とはいえない戦前の雇用身分制に近い身分の拡大は、雇用形態の違いを雇用身分の違いに転換するモメンタム(推力)の役割を果たした。

雇用身分社会の成立を促した事情としていま一つ無視できないのは、一九九〇年代以降の正規労働者の減少と非正規労働者の増加によって生じた、中流層の没落と貧困層の膨張である。七〇年代の日本では、中間層の膨張が誇張され、「一億総中流」という言葉がよく使われた。しかし、九〇年代初めのバブル崩壊後の長期不況のなかで、年収三〇〇万円未満の低所得層が大幅に増加し、全体の過半数に達した。その一方で、三〇〇万円以上の中所得層が大幅に減少して、日本社会は「中流社会」から「格差社会」に移行したといわれるようになった。しかし、すでに述べたように、本書の視点から見れば、格差社会への移行は実は雇用身分社会への移行であったといわなければならない。

全体の構成と各章の概要

本書では、現代日本の労働社会の深部の変化から生じた「雇用身分社会」を取り上げて、どういう経済的、政治的、歴史的事情が多様な雇用身分に引き裂かれた社会をもたらしたのかを明らかにするとともに、どうすればまともな働き方を再建できるのかを考える。

全体は序章と終章を含む八つの章から成っている。以下、各章の概要をごく簡単に示しておこう。

第1章「戦前の雇用身分制」は、明治末期から昭和初期の紡績工場や製糸工場における女性工員の雇用関係と長時間労働を概観し、今日の「ブラック企業」の原型が、多数の女工の過労死・過労自殺を生んだ戦前の暗黒工場にあることを明らかにする。

第2章「派遣で戦前の働き方が復活」は、戦後における労働者供給事業の復活とその経緯を、一九八〇年代半ば以降の雇用の規制緩和と重ねて振り返り、労働者派遣制度の解禁と自由化によって、戦前の女工身分のようなまともな雇用といえない雇用身分が復活したことを確認する。

第3章「パートは差別された雇用の代名詞」は、一九六〇年代前後までさかのぼって、パートタイム労働者は、性別・雇用形態別に差別された雇用身分として誕生したこと、また今日ではパートのあいだに過重労働と貧困が広がっていることに注目する。

第4章「正社員の誕生と消滅」は、長時間残業と不可分の正社員という身分は、パート社員が一般的な存在になった一九八〇年前後に成立し、その後、過労死が社会問題化して四半世紀がたつなかで、「正社員の消滅」が語られるようになった過程を追う。

第5章「雇用身分社会と格差・貧困」は、格差社会は雇用身分社会から生まれたという観点から、働く低所得層＝生活困窮層としてワーキングプアの増加を問題にし、それと対比して株主資本主義の隆盛で潤う大企業の経営者と株主にも照明を当てる。

第6章「政府は貧困の改善を怠った」は、雇用形態の多様化は雇用の非正規化と身分化を通して所得分布を階層化したことを確認し、日本の貧困率が高いのは政府の責任であることを、官製ワーキングプアの創出と生活保護基準の切り下げを中心に明らかにする。

終章「まともな働き方の実現に向けて」は、雇用身分社会から抜け出す鍵として、労働者派遣制度の見直し、非正規労働者比率の引き下げ、規制緩和との決別、最低賃金の引き上げ、性別賃金格差の解消、八時間労働制の確立などの課題を示す。

第1章　戦前の雇用身分制

遠い昔のことではない

第二次世界大戦が終わって七〇年たった。一九五六年版『経済白書』(二〇〇一年以降は『経済財政白書』と改題)は、戦争の疲弊と破壊からの日本経済の急速な回復を前に、「もはや「戦後」ではない」と書いた。しかし、戦後七〇年のいまでも日本は戦前と完全には断絶できていない。「特定秘密保護法」「集団的自衛権」「憲法改正」などの動きを前にして、日本はまるで「戦前」のようだと言う人が多い。私もそう思う。

雇用についても似たようなことが言える。過労死問題に詳しい弁護士の川人博は、著書『過労自殺 第二版』のなかで、現代日本の過労自殺と戦前の製糸工場における過労自殺を比較して、次のように述べている。

> 戦前と現代の職場の実態と比較して見ると、常軌を逸した長時間労働、ミスが許されない労務管理、様々な疾病の発生、自殺遺族が社会の眼を恐れる事実など、あまりに共通点が多いことに愕然とする。……そして、バブル経済崩壊後の一九九〇年代後半以降、日本の労使関係・労資関係は、戦前のいわば剝き出しの強暴な資本主義へ後戻りしつつあり、

過労自殺はその象徴的な犠牲のように思われる。

俳人の中村草田男が大学時代に母校の小学校を訪れた折の感慨を「降る雪や明治は遠くなりにけり」と詠んだのは一九三一(昭和六)年であった。しかし、働き方の根本である労働時間に関するかぎり、二一世紀のいまも明治はすっかり遠くなったとは必ずしもいえない。

第二次大戦後の一九四七年には、労働基準法が制定され、法定労働時間は一日八時間、週四八時間となった。さらに一九八七年の労基法改正によって、週四〇時間制に移行した(一九八八年施行、猶予特例措置を経て九七年、業種や職種による一部の例外を除き全面移行)。こうした法制度の変遷だけを見ると、明治はもちろん、戦前は遠い過去になったといえなくはない。

しかし、現実はどうだろうか。総務省が五年ごとに実施している統計に「社会生活基本調査」がある。これは政府統計のなかではめずらしく正規労働者(「正規の職員・従業員」)の通常の一週間の労働時間を集計している。この調査の最新結果(二〇一一年)によれば、男性正社員は週平均五三時間働いている。これには土日の労働時間も含まれているが、週休二日で換算すれば、一日当たり一〇・六時間働いていることになる。一か月を四・三週、一年を五二週で換算すると、月二二八時間、年二七五六時間働いていることになる。これは平均の数字であって、三〇代から四〇代の働き盛りの男性をとれば、三人に一人は週六〇時間以上、年間ベースでは三〇〇〇時間以上働いていることになる。正社員の約一六％は年次有給休暇を一日も取得していないという調査結果もある。年休制度があるだけ戦前よりはましだともいえるが、取得できていないのなら自慢できたものではない。

一九〇三(明治三六)年に出た農商務省の工場調査報告書『職工事情』によれば、紡績工場では、一日の労働時間は公表一一時間または一一時間半であったが、実際には、居残り残業を含めると紡績業に限らず多くの産業で一日一二時間を超えていた。女工は製糸業では一三～一四時間、織物業では一五～一六時間にのぼり、どちらも長い場合は一七～一八時間に達した。

現代は無条件にこれよりましだとはいえない。二〇一四年七月に発表された牛丼チェーン店「すき家」の「労働環境改善に関する第三者委員会」の報告書は、同委員会がヒアリングをした店舗勤務経験を有する社員のほとんどが、「回転」と呼ばれる二四時間連続の店舗勤務を経験していたという。なかには恒常的に月五〇〇時間以上働いていた者や、業務が多忙で二週間家に帰れないという経験をしている者もいた。月一〇〇時間以上残業している者が相当数いるだけでなく、二〇〇時間を超える例さえあった。しかも、「このような過重労働は、多数の社員を過労で倒れさせ、又は鬱《うつ》病に追い込むなど、社員の生命・身体・精神の健康に深刻な影響を及ぼしていた」(報告書)。こうした働かせ方は、一九二五(大正一四)年に刊行された細井和喜蔵『女工哀史』に出てくる「散々こき使って健康な肉体を破壊してしまい、もう役に立たなくなればあたかも破れ草履《ぞうり》を棄てるがごとく、路傍に打すててかえりみない」働かせ方を想起させる。

そこでこの章では、『職工事情』や『女工哀史』から、戦前の日本企業の雇用身分制のもとでの雇用関係と働かされ方を見てみよう。

『職工事情』に見る明治中ごろの雇用関係

一九世紀末から二〇世紀初めにかけての日本の代表的産業は繊維産業、わけても綿糸紡績業と製糸業であった。紡績業の中心であった大阪では、一八八〇年代から九〇年代にかけて、大阪紡績(のちの東洋紡)、鐘淵《かねがふち》紡績、平野紡績、浪華紡績、摂津紡績、尼崎紡績、金巾製織、天満紡績などが次々創立され、商都大阪は工業都市として栄え、日清戦争(一八九四(明治二七)年)前後から「東洋のマンチェスター」と呼ばれるようになった。当時の労働力の主力は女工で、一八九九(明治三二)年六月の鐘紡工場の職工数は、男工七九一人(二五%)、女工二四三三人(七五%)となっていた。

一九世紀の末には工場制度の発展につれて労働問題が噴出するなかで、苛酷な長時間労働から労働者を保護するために、女工をはじめとする工場労働者の保護のために、工場法を制定する必要が政府部内でも議論されるようになってきた。

一八九六(明治二九)年には、農商務省の諮問機関である農商工高等会議において、工場法制定の是非が取り上げられた。そこで、日本資本主義の父といわれ、大阪紡績の提唱者でもあった渋沢栄一は、東京商業会議所会頭として工場主を代表して概略次のように述べた。

時間の事に付ても欧羅巴《ヨーロッパ》人などは、極く健康を重んずる風習があり、又そう云う法律も行われて居る国から比較致しましたならば、働く時間が長いと云うことはござりましょう、左りながら大抵其《その》職工が堪《た》えらるる時間と申して宜い、又夜業はゆかぬと云うことは、如何様〔いかにも〕人間としては鼠とは性質が違いますから、昼は働いて夜は寝るのが当り前である、学問上から云うとそうでござりましょうが、併し一方から云うと成るべく間断なく機械を使って行く方が得である、之を間断なく使うと云うには夜業と云うことが経済的に適《かな》って居ると云うことも、云い得ると思います。……夜間の仕事をさする方が、算盤《そろばん》の上で利益であるから、やって居る、為めに衛生の上から云うと、害があって職工が段々衰弱したと云う事実は、能く調査は致しませぬが、まだ私共見出さぬのでございます（農商工高等会議編・山口和雄解題『農商工高等会議議事速記録（上）第一回会議』）。

『職工事情』の工場調査は、工場主のこうした抵抗があるなかで、工場法制定の是非を検討するために必要な基礎資料を集めることが目的であった。調査は二〇世紀の幕開けの一九〇一（明治三四）年に実施され、報告書は二年後に刊行された。全体は一一〇〇ページを超え、岩波文庫では上中下の三分冊に収められている。

『職工事情』の上巻は紡績業、製糸業、織物業という産業革命期の日本経済を代表する繊維産業を対象にしている。繊維産業は当時の工場総数の六割強、職工総数の三分の二を占めていた。中巻は鉄工、ガラス、セメント、マッチ、タバコ、印刷などの産業を扱っている。上巻と中巻では、主要な産業部門ごとに職工の種類、労働時間、雇用関係、賃金、賞罰、衛生、住居、風紀、教育施設などが観察されていて、それぞれの項目について詳細に知ることができる。

上巻冒頭の紡績工場における雇用関係に目を向けると、職工には工場の近隣から通勤する者と、地方から来て寄宿舎に入る者とがいた。人数が多く、人集めや雇い入れに人権上とくに深刻な問題が生じたのは地方の農村出身者であった。農村は当時、自らは耕さない地主が小作人である農民に土地を貸して小作料を取り立てる寄生地主制のもとにあった。それは、欧米列強と張り合って経済力と軍事力を強める富国強兵の政策と相まって、農民を困窮させ、農家の親が娘を工場に送り出す一因にもなっていた。

地方における女工（工女）募集には、各工場より社員を現地に出張させて集める方法と、職業的な募集人（あるいは紹介人）の手を経て雇い入れる方法とがあった。しかし、会社からの出張者は募集地に特別のつながりがある場合を除けば、たいてい募集人の手を借りなければならなかった。各地方の募集人は、女工を勧誘する際には、工場の職工生活や労働条件について、まるで良いことずくめであるかのように言い立て、酷くて苦しいことにはけっして触れようとしなかったという。『職工事情』はそうした甘言の例を次のように紹介している。

たとえば労働時間には一定の制限ありて、それ以上は各自自由なる生活をなすを得ること、毎週一日の休業日あり、その日には芝居見世物の観覧をなすを得ること、寄宿舎の食物は極めて美味にしてしかも無料なること、またその受くる処の賃金は地方郡村にて労働をなすに比し数倍なること、各種の賞与救済の制具《そな》わって、その額もまた少なきにあらざること、学校および病院の設備あること、契約年期中は勿論、入場〔入社〕即日たりといえども意に満たざることあらば何時《いつ》にても帰郷するを得ること、都会見物の好機会たること等、甘言至らざるなき……（上巻）。

『職工事情』が公刊された当時の日本は、急速に工業化してすでに資本主義の基礎が確立していた。とはいえ、人口構成からいえば、有業人口の七割近くが農林水産業に従事していたという意味でなお農業国であった。しかし、その農村では寄生地主制のもとで農民層の分解と貧困化が進み、人口増加を背景に都市の大工業のための大量の産業予備軍が創出されていた。そうした貧しい農村地方の娘たちを工場に送り込む役割を担ったのが募集人である。地方の食い詰めた農家の娘たちは、先に見たような募集人の甘言に乗せられて、また、募集人に丸め込まれて賃金の前借りを受け取った親に急き立てられて、しばしば十二、三歳の少女のときから、工場で働くことになる。『職工事情』の調査員が関西地方の一六工場について調査したところでは、一九〇一（明治三四）年時点で、一割強が一四歳未満であった。少数ながら一〇歳未満の幼女もいた。

募集人があの手この手で女工を勧誘するのは、工場から手数料をむさぼるためである。彼らは、紡績工場の平均賃金（日給）が女工で約二〇銭、男工で約三〇銭であった時代に、女工を一人紹介すると一円前後の手数料を稼ぐことができた。募集競争が激しいときには何倍にも跳ね上がった。それだけでなく場合によっては特別の賞与も手にした。

募集人は、甘言で勧誘するだけでなく、前貸金を渡して人買いまでした。そのために、「女衒《ぜげん》」(若い女性を買い付け遊女屋などに売る人身売買の仲介業者)ともいわれた。なかには、実際に芸者や遊女を買い集めて仲介する桂庵《けいあん》業を兼営する業者もいた。世間に名が知られた賭博の親分もいた。

多数の少女を含む女工の予備軍は、どこで働くかも、どういう労働条件で働くかも、親がいくら前借りしたかも知らないまま、まるで身売りをするように募集人によって工場に送り込まれた。女工は工場主に労働力を直接売るのではなく、募集人の仲介で送り込まれるかたちで売られるのである。したがって、雇用関係は工場主と女工との契約関係であるまえに、工場主と募集人の契約関係であった。そのために工場主と職工とのあいだは、実質上はもちろん、形式上も対等ではありえなかった。契約には通常次のような条項が盛り込まれていた(同書から抜粋)。

一　三年ないし五年をもって雇用期間を定むること。

一　職工は期間中……事故のほか解雇を請わざること。
一　会社は自己の都合により何時にても解雇をなすを得ること。
一　賃金は会社の都合により適宜給与すること。
一　会社は職工が工場規則に違反せるため、あるいは契約に違反せるために減給をなし、また未払賃金保信金の没収をなすを得ること。

紡績工場には、職工を足留めするために「保信金」や「信認積立金」などの名目で職工の賃金から天引きする強制積立制度があった。雇用期間中に勝手に辞めると、その積立金を「損害賠償金」として没収される。そうやって拘束しても、職工は毎年総入れ替えに近いほど離職した。それは職工の雇用期間が短かったうえに、酷使に耐えかねて途中で逃げ出す女工や、病気で帰休（帰郷）させられる女工が多かったためである。会社間の女工の争奪戦が激しく、引き抜きもかなりあった。

『職工事情』に出てくる一九〇〇（明治三三）年の数字では、ある会社の一年間の離職者総数は、表１－１に示したように、正当解雇八一五人、逃走除名八二八人、事故請願三九四人、病気帰休者一一八人、死亡者七人の計二一六二人であった。ここでいう「正当解雇」は雇用期間の終

表1-1　A紡績会社の1年間の職工出入数

	(人)
①前年度よりの繰越数	1,246
②雇入総数	1,538
再　勤	202
満期継続	242
新規雇入	1,094
③離職総数	2,162
正当解雇	815
逃走除名	828
事故請願	394
病気帰休者	118
死亡者	7
④現在数	622

(注) ④は1900年12月末の人数(①+②−③=④)
(出所)『職工事情』上巻.

了にともなう雇い止め、「事故請願」は結婚や家庭の事情や病気などを理由とした「自己都合退職」だけでなく、あとで述べるように、実際は会社都合の解雇を含んでいる。

離職者総数二一六二人は雇入総数一五三八人より六二四人多いが、前年からの在職者が一二四六人いたので、その分で埋め合わされて、年末の職工数は六二二人となっている。この場合、当然、事業が不振でなければ翌年にも一〇〇〇人規模の職工の新規雇入れがされるだろう。そのために奔走するのが募集人である。

ただし、『職工事情』が指摘しているように、大阪地方の紡績工場においては一年間に女工の総入れ替えに近い入れ替えがあったのに比べると、長野県(その七割は諏訪地方)の製糸工場の女工の勤続年数はもう少し長い。職工全体では男工の二割弱、女工の一割強は五年以上勤続している。それでも、男工の四割弱、女工の三割強は一年未満で離職している。

『女工哀史』に描かれた大正末期の雇用身分制

『女工哀史』は大正末期に著された。すでに日本の資本主義は本格的に確立していたとはいえ、中心的産業はなお繊維産業、とりわけ紡績業で、綿糸、絹糸、麻糸、羊毛における紡織工総数は、「二百万を下ることはない」「そのうち八割までが女工」という時代であった。

『職工事情』の調査から一〇年後の一九一一(明治四四)年に、ないよりはましだが、工場主に妥協するあまり、労働者にはとうてい満足のいかない工場法が制定された。それは、一五人以上の職工を雇用する工場だけを対象に、女性と一五歳未満の年少者の労働時間を一日一二時間に規制し、一二歳未満の年少者の就労を禁止するという内容であった。それさえ、一六年によ うやく施行された。一九二三(大正一二)年の改正で、不十分ながら、年少者が一歳引き上げられ一六歳未満とされ、一日一二時間が一一時間に短縮された。しかし、年少者と女性の深夜業が禁止されたのは一九二九(昭和四)年であった。それさえ実効性はきわめて乏しかった。

工場法が制定されたといっても、労働時間の規制としてはこういう貧弱なものであったために、工場労働者の状態はほとんど改善されなかった。労働者は苛酷な雇用身分制のもとにおかれ、低賃金と長時間労働と無権利を絵に描いたような働き方をさせられた。紡績会社における職工としての自らの労働体験を踏まえて、紡績女工の雇用と労働の実態をえぐった『女工哀史』から見えてくるのもまさにそのことである。

同書の第二章は紡績会社の「工場組織と従業員の階級」を考察している。著者の細井は「階級」という用語を使っているが、彼が観察しているのは労働者階級という同一階級の内部における雇用労働者間の序列、ないしは職階（職務分掌上・職位上の階級）である。この点を考慮して、ここでは細井の言う「階級」を「身分」と言い換える。

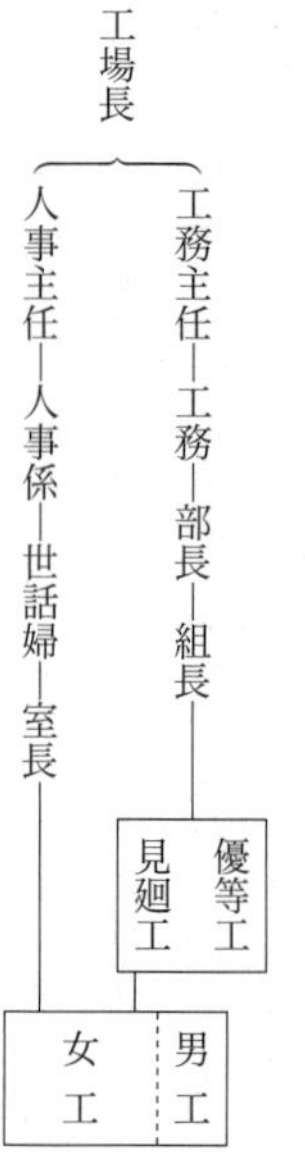

（出所）『女工哀史』.

図 1-1　紡績工場従業員の職階構造

図1－1は『女工哀史』から援用した。この図では、事務的従業員は工場労働者との関係が薄いという理由で省かれ、工場内の指揮命令系統だけが示されている。名称は会社によって異なる。鐘紡では　部長のことを「担任者」と呼び、組長を「主席」と呼んでいる。東洋紡では部長のことを「助役」といった。

『女工哀史』は工場の身分が細かく分かれていることに注目して「あたかも軍隊のようだ」といっている。東洋紡では「助役」も、一等助役から四等助役までのランクがある。また、従業員の待遇を「社員」「雇員」「職工」の三つに分けている。この図では工場長から工務までが社員、部長(助役)が雇員、組長以下が職工である。これらは職階上の等級的な職名であるが、そこには見過ごせない身分差がある。そのことを『女工哀史』は次のようにいう。

社員と職工との階級(身分)的差別は実に甚《ひど》い。一例をここに挙げるならば工場には数番の電話が取ってあってそのいずれもが何時《いつ》も公用で塞がっている訳ではない。社員連はこれによって弁当の注文も出来るし、待合へかけることも自由だ。しかしながら職工はどんな急用の場合でも断じてその使用を許されることがない。試みに君はどこの工場でも呼び出して、「女工誰々もしくば男工の何々がいますか?」と訊いてみ給え、立ちどころに高慢ちきな工場の交換手は「職工は呼べませんです。」とひと口にはねつけてしまうだろう――。

差別は男工と女工のあいだにもある。女性は工場労働者としての差別以前に、そもそも契約関係において権利能力を有する主体とは認められていなかった。『女工哀史』は一九二四(大正一三)年に無法な労働者募集を法的に整備するために準備された「労働者募集取締令案」の原案をそっくり引用している。それには「募集従事者は未成年者に対してはその法定代理人、法定代理人不在のときには親族その他本人を保護する者、妻に対してはその夫の同意あるに非《あら》ざれば之を募集することを得ず」と規定していた。夫の同意を得ることができない場合は、所在地の市区町村長の承認を求めなければならなかった。つまり、妻である女性は未成年者と同様の扱いを受けていたのである。

すでに述べたように、女工のなかには一〇歳にもならない少女もいた。初等教育を受けていない少女を集めるために、紡績工場には文部省認可の私立小学校(尋常小学校)を設置していた会社もあった。校舎はたいてい寄宿舎のそばにあって、授業時間は工場の終業後約二時間が原則になっていた。これを教育面の福利厚生として肯定的に評価することはできない。この場合の小学校教育は、寄宿舎と一体化して、児童労働を奴隷的に拘束する役割を果たしているといえよう。

ちなみに、横山源之助『日本の下層社会』に出ている当時の調査によれば、大阪府下の五〇人以上の職工を有する八二工場の男女一万五六八〇人の教育程度は表1-2のようになっていた。これによれば、無教育の者が男性では三割弱、女性では四割強を占める。

本題に戻ると、寄宿舎は少女にかぎらず年長の女工たちにとってもきわめてつらいものであった。彼女らは、前借りや年季や賃金に縛られていただけでなく、寄宿舎生活でも外出制限や

表1-2　19世紀末の大阪の職工における教育程度 (人, %)

	男性	女性	計
無教育の者	1,327(27.2)	4,653(43.1)	5,980(38.1)
少しく教育を受けた者	2,509(51.4)	5,262(48.7)	7,771(49.6)
尋常小学校を卒業したる者	1,042(21.4)	887(8.2)	1,929(12.3)
計	4,878(100.0)	10,802(100.0)	15,680(100.0)

(注) 尋常小学校は戦前の初等教育機関，当時の修業年限は4年.
(出所) 横山源之助『日本の下層社会』.

読書制限や風紀制限などで自由を拘束されていた。

外出は成績の良好な者に限り一カ月に一遍位いは許され、部屋長、世話婦、舎監と三人もの検印を貰って門衛所へ行き、そこで木札の門鑑(門の通行許可証)と伝票を交換してようやく門を出るのだが、時間は制限されておって昼夜とも十時までが関の山、もし規定より五分でも遅れて帰えろうものならたちまち刑罰として次ぎの一カ月間は閉門されるのだ(『女工哀史』)。

やむを得ず外泊しようものなら、部屋全体が一か月外出禁止になる。干渉は食べ物や読み物にもある。私信の自由もない。書いた手紙は本人の手で投函することができない。親からの手紙も事務所で開封しなければ読めない。帰れと書いてあるような手紙は本人には渡さない。服装も自由ではない。工場内の制服はもちろん、寄宿舎に帰ってからも着物のことでとやかく言われる。このように一事が万事規律づくめで服従が強いられる。だから女工小唄はこう嘆く(同書)。

籠の鳥より　監獄よりも　寄宿ずまいは　なお辛《つら》い……。
寄宿流れて　工場が焼けて　門番コレラで　死ねばよい……。

賃金でも女工身分は差別を受けていた。賃金は『女工哀史』に出ている鐘紡の例では、一日当たり男工は一円七五銭二厘であるのに対して、女工は一円二四銭一厘である。女性のあいだでも雇用身分が違えば賞与は大きく異なる。「いずれの工場へ行っても、女工は十年おっても二十年おっても依然として女工以上の待遇へ昇れない」。会社によっては事務所の女給仕が「雇員」の待遇で毎半期の賞与を五〇円から一〇〇円くらい貰うのに対して、女工は一〇円か二〇円しかもらえない。雇用身分間の賞与の格差は、男性のなかにもある。第五章に出ている例では、前出の図1-1の「部長」にあたる「担任」は一等から四等までのランクがあって、賞与は一等担任では四〇〇円以上七〇〇円以下であるのに対して、末端の平工は五円以上二〇円以下となっている。

さきに『職工事情』を取り上げた際に述べたように、一九世紀末から二〇世紀初頭にかけての紡績工場における雇用関係は、まずもって工場主と募集人の契約関係であった。そのために工場主と女工とのあいだは、実質上はもちろん、形式上も対等ではなかった。それは一九二〇年代でも変わっていない。そのことを示すために、細井は入社の際に差し入れる「誓約書」から二つの例を引用している。その一つには「御社事業の御都合上又は本人不都合の処為あるにより解雇せらるるも異議なきは勿論、御社職工規定により如何様御取計相成候《そうろう》とも苦情申し立間敷《まじき》こと」(『女工哀史』)という条項がある。これは「御社のご都合や私の不始末でいつ首を切られても文句は言いません」と誓約しなければ入社できないことを意味する。そのことを念頭において細井は、「何しろ今も昔も労働者が労働を売る場合のみ、商品以下であって買手に値段を決められ、あらゆる条件を向うで勝手に決めてしまうのだから労働の自由は全く有名無実である」という。一九四四年に採択されたＩＬＯ(国際労働機関)フィラデルフィア宣言はその根本原則の一番目で「労働は商品ではない」と宣言しているが、『女工哀史』の時代には労働は売り手が交渉する余地のない「商品以下」の存在であったのである。

解雇は会社の意のままとはいえ、本人が自分の都合で辞めるよりも、会社が辞めさせるほうが面倒なので、会社はいろいろな策を弄して本人が辞めると言い出すよう仕向ける。会社の意に沿わない職工が永くいてくれては困るので、「辞職勧告」といって、寄って集《たか》って辞めさせせようとする。会社が解雇すれば手当を出さなければならないので、それを出さずにすませるためにいまでいう「自己都合退職」あるいは「依願退職」を迫るのである。

よっし、君が温順《おとな》しく止《よ》さなければ解雇しよう。その代りに不都合な行為があって解雇したと各工場へ通知するよ。もしここから黒表〔ブラックリスト〕を廻してみたまえ、どこへ行っても君は駄目だ。それに依願解雇なら、困った時再び入社も出来るが不都合解雇では絶対にもうここへは入社出来ないからね。どっちでも君のいいようにするがいい（同書）。

会社はこうして従業員の追い出しを図るだけでなく、足留めをしたり、やる気を鼓舞したりするために、契約期間を勤め上げた場合に金額はわずかにせよ「満期賞与」や「年功割増金」を支給するところもある。女工をしっかり働かせるためには男工に気張ってもらわねばならないので、工場の担任（部長）格の上司が部下の男工を励ますために女工と結婚させたりすることもある。細井自身も、職工時代にそうした結婚奨励を受けて世帯をもつよう口説かれたことがあるが、「小説かぶれ」をしていて応じなかったので、会社から目をつけられ、それがきっかけで「紡績の異端者」になったと語っている。

戦前の日本資本主義と長時間労働

この章の初めに述べたように、『職工事情』の調査が行われたころの日本の工場の労働時間は、紡績業でも製糸業でも織物業でも、一日一二時間を超えていた。工場によっては一三〜一四時間、長い場合は一七〜一八時間に達した。

『女工哀史』は、「およそ紡績工場くらい長時間労働を強いる処はない」という。公式的には、工場法発布以前は紡績一二時間、織布一四時間であったが、工場法後は紡績一一時間、織布一二時間になったといわれる。ところが実際は決められた労働時間のほかに残業をしなければならない場合が多かった。それには「夜業《よなび》」（深夜勤務）が含まれる。細井が働いたことのある東京モスリンでは、一一時間制を原則とし、織布労働は昼業しかないと公表しているが、実際には一二時間制になっているうえに夜業があった。こうした労働時間の実態は政府統計ではわからない。一一時間制をとっていながら、どうやって一二時間働かせるか。一時間は「残業」にすぎないといい、夜業は希望者に自由にやらせているというのである。細井はこれを批判して、「一年三百有余日残業するところがはたして欧米にあるだろうか？」と問いかけ、次のように言う。

これを私は「強制的残業政策」という。まことに不都合な残業であってもし要用のため十一時間で帰ろうと思えば、早退の手続が要るのである。自由服夜業もその通りで名目は大層立派だが、一夜に僅《わず》か金五銭くらいな「夜業手当」でもって、無智な彼女たちを釣ろう〔という〕魂胆に外ならない(『女工哀史』)。

残業では「追通し」(後番を前番に繰り上げての通し勤務)といって、一八時間労働をさせられることもあった(『大阪時事新報』一九三五年一月一五日、神戸大学付属図書館デジタルアーカイブ、新聞記事文庫)。『女工哀史』もこのことに触れて、「こんな場合皆は長時間の過労によって我が身のいたむことなど棚へ上げ、余分な収入を喜んでどしどし応じるのである」と述べている。

『女工哀史』によれば、組織だった大仕掛けの夜業は、一八八三(明治一六)年、大阪紡績で始まった。当然『職工事情』でも取り上げられている。そこで文庫版上巻の紡績職工編の第二章「労働時間、休憩時間および休日」と第三章「徹夜業」を簡単に見ておく。

紡績工場においては、「幼少者といわず婦女といわず」ことごとく徹夜業に従事していた。なぜなら昼夜交替制が行われていたからある。この制度のもとでは、表向き昼業部は午前六時に始まり午後六時に終わる。夜業部は午後六時に始まり翌日午前六時に終わる。しかし、実際にはこの時間内に終わらず、二、三時間の居残りをさせられることが多い。それだけでなく「業務繁忙の場合には昼夜交替に際して、夜業者をして六時間位居残り掃除せしめ、昼業者をして六時間位早出掃除せしめ、結局一八時間を通し労働せしむることあり」(上巻。掃除は工場および機器の掃除をいう)。

休憩時間については、紡績職工には食事時間が昼業では正午三〇分、夜業では夜中三〇分と午前午後に一五分ずつが与えられることになっていたが、休憩時間中も機械の運転を止めなかったので、全員が同時に休憩を取ることはできなかった。また職工はできるだけ早く持ち場に帰って出来高を上げ少しでも賃金を増やしたいために、ゆっくり食事あるいは休憩を取る者は少なく、休憩時間中も仕事をするのが常だった。したがって職工にとっては「休憩時間なるものは、その名存してその実なきものというべし」(上巻)。

休憩時間で言い添えれば、諏訪地方の製糸工場においては徹夜業こそないが、午前午後の休憩時間を与えないだけでなく、食事時間もなるべく短縮しようとする工場が少なくない。ある工場においては工場の規則に「食事時間は五分を過ぐべからず」(上巻)という項目がある。また女工を食堂に集めて食事をとらせると時間を無駄に使うおそれがあるという理由で、握り飯をつくって、それを各女工の受け持っている繰釜《くりがま》の側に配り、各女工は握り飯を頬張りながら作業をするところもあった。

私は先年、諏訪地方を訪れたことがある。同地には「千人風呂」の名で知られる温泉施設がある。製糸産業で「王国」を築いた片倉財閥の二代目片倉兼太郎が手がけて、一九二八(昭和三)年竣工した。浴槽の広さは四メートル×七・五メートルだからそれほど大きいとはいえない。驚くのは一・一メートルという深さである。タクシーの運転手から聞いた話では、浴槽を立ったままでなければ入れないほど深くしたのは、大勢の製糸女工たちを短時間で入浴させるためらしい。女工が座って眠らないようにするためという説も聞いた。

『職工事情』の紡績職工の労働事情に戻る。この調査報告書は海外の労働事情にも触れていて、欧州各国では女性と年少者に徹夜業をさせることは禁止されているが、日本の紡績工場では昼夜業が原則となっていることを指摘し、睡眠生理学の知見をもとに、徹夜業の有害性を概略こう述べている。

昼間の睡眠は夜間のようにしっかり疲労を回復することは難しい。筋肉は労働の停止とともに休まるが、脳脊髄は五官の刺激があるかぎり、十分に休息を取ることはできない。昼間はたとえ寝床に入って睡眠をとっても、光が網膜を刺激したり音が鼓膜を震動させたりして神経系統を完全に休ませることはできない。こういう状態のもとで徹夜業に従事し続ければ健康を害しやすい。調査員が見聞したところでも、夜中の食事摂取量は昼間に比して一般に少ない。また夜業を終えて早朝工場を去る者は、顔色が青ざめ身心に不調をきたしているように見える。そこで言う。

以上の学説と実験とにより徹夜業の衛生上有害なること豪《ごう》も疑いなし。しかれども徹夜業に伴うて生ずる職工使役上の弊害は、さらに一層の危害を婦女少年者の健康に加うるの事実あり、何ぞや。けだし徹夜業は一般職工の堪えがたきところなるを以て、夜業には欠勤者多く、操業上必要なる人員を欠く場合多し。ここにおいてか昼業を終えて帰らんとする職工中につき居残りを命じ、ついに翌朝に至るまで二十四時間の立業に従事せしむることと往々これあり。甚だしきに至りては、なおこの工女をして翌日の昼業に従事せしめ、通して三十六時間に及ぶこともまた稀にこれなしとせず(上巻)。

暗黒工場の労働者虐使事件

『職工事情』の下巻は、女工の募集・誘拐・逃走・虐使事件などに関する各府県当局への問い合わせと回答、関係者の談話、新聞記事などを収録している。

ここには多くの職工虐使事件が挙がっているが、まずは一九〇二(明治三五)年八月二〇日の『時事新報』から、埼玉県大宮で起きた機織業《はたおり》の金子初五郎(二六)と実母(五〇)、および機織頭二人による女工虐待のケースを取り上げる。記事によれば、この親子は、二棟の平屋の狭い建物に、二七の機《はた》台と二四人の女工を詰め込んで、工場に必要な食堂、風呂、寝室などの設備がないまま、採光や換気のいたって悪い環境でコールテンを織らせていた。慄然とするのは監視の厳しさである。

> まず周囲には堅固なる柵を設け、入口の門には昼夜の別なく鉄材を以て造れる閂《かんぬき》を差し錠を下し、……ちょっとの時間たりとも開放し置くことなし。また、別に裏木戸あれど、これにも厳重に錠を下し、居宅台所より屋外に通ずる出口にさえ二個の錠前を設け、昼間は家人ら交代にて勝手座敷の二ヶ所に見張りをなし、工女の出入を警戒しおりたれば、たとい、いかなる場合といえども工女は此処《ここ》を脱走し得んこと思いも寄らぬ所なり(下巻)。

監視は工場のなかでも厳しい。初五郎母子は見張り番を立たせ、就業中、疲労で居眠りを催す者がいると容赦なく棍棒で叩き、あるいは病気で働けないと言う者がいると、食事を一切させないということまでやる。こうした懲罰法に女工らが堪えていくうちに慣れてくると、今度はさらに非道な懲罰法を実行した。たとえば、全身裸のまま女子二人を背中合わせにして、両足の間に荒縄を通して肩に掛け、身動きできないようにして直立させるという懲罰も行われた。

この機織工場の二四人の女工の半数以上はトラホームに感染していた。藤沢カノという女工は、懲罰で生命《いのち》の次に大事な髪を切られたうえに、医者に掛からせてもらえなかったために、治る病気も治らず盲目になった。二年間無休で働いたこともある彼女は、何度も逃亡を企てたが、そのたびに見つかって連れ戻され折檻《せっかん》を受けた。彼女はそのいきさつを先の残酷卑猥な懲罰を含め詳細に証言している。

この虐使事件が明るみに出たのは、女工の田端ツヤがたび重なる虐待に堪えかね、三度脱走に失敗し、四度目の脱走でかろうじて工場の外に出て、さまようちに親切な人に出会い、その人の指示で時事新報社に行き、警察が捜査に入ったからである。事件は初五郎母子が裁判に掛けられ禁錮・罰金刑に処せられたことで終わった。

『職工事情』はこの類いの女工虐使事件の事例を多数取り上げている。しかし、ここでは『職工事情』の工場調査より三〇年後の『大阪朝日新聞』に載った「少年工虐使事件」に触れておく。

大阪府三島郡春日村(現在の茨木市)の麻縄工場で幼少年工十数名を倉庫に監禁して虐使したこの事件で、一九三一(昭和六)年三月に茨木署が工場主らを検挙し取り調べた結果、以下のような事実が明らかになった。

三月四日の記事によると、召喚して事情聴取をした幼少年工のA(一四)とB(一四)は、一、二年前から雇われ朝六時から夜七時までこき使われ、C(一六)は正月元旦、焚火の始末が悪いというので、当時工場に勤めていたD(年齢不詳)によって帯革で耳を殴られ耳だれになった。また逃亡した朝鮮人の少年工E(一六)は縄でくくられ柱につり下げられるという虐待を受けた。寝る場所は倉庫内で、そのなかに便器を入れ、入り口の戸に表から針金をかけて逃亡を防いでいた。Aは賃金の親への先払いによる満期五年半の「前借り」九五円を抱えていた。他の少年たちもほぼ同様であった。子どもたちは皆栄養不良に陥りやせて小さく、飯たき女のF(二三)などは驚くほど発育がわるく、Bは顔がむくれ上がり、手ばかりが大人のように太く、それも霜やけや傷だらけで、たいていの者は重いトラホームにかかっていた。一日の仕事量は長さ二間（約三・六メートル）の麻縄を二七〇本作ることで、それ以下だったり、縄の撚《よ》りが悪かったりすると大目玉をくらった。先の親が手にした「前借り」のほかには賃金はなく、一年間に小遣い銭二〇銭を一回もらった者と、二年間にお祭りと田植え休みに五〇銭を二回もらった者がいたにすぎない。仕事の出来が悪いと小さなブリキ箱に飯《めし》半分だったという。

これらの子どもたちは大阪市内や、遠くは九州の野上炭鉱や朝鮮などから来ていた。実の親や継親などが食うに困って、募集人に子どもらを手渡して前借りする。その契約書を見ると、「何某十三歳貴殿方へ奉公に差し向け、その給料金として満五ヶ年半間に金九五円と定め、初め一ヶ年間職業見習として無給。二年目一ヶ年間に金十円、三年目一ヶ年間に金十円、四年目に一ヶ年間に金十五円、五年目一ヶ年間半に金六十五円受け取る……」となっている。つまり、五年半分の賃金は子どもの親に「前貸し」してしまっているという契約なので、契約満期まで賃金を払うことなく子どもを奴隷のように働かせるというのである。

三月七日の続報によれば、麻縄工場の幼少年工虐使事件は取り調べが進むにつれて、実地検証もされてその内幕が暴露されてきた。工場は周囲に鉄条網をめぐらし、寝所は倉庫内で四畳半に一〇人の子どもが眠り、そのなかへ便器を入れておくなど、まるで留置場同然であった。あまりの虐待に逃亡した朝鮮人少年工は、首に縄をかけられて犬のように追い回され、痩せて青い顔をした姉妹の女工は姉が「大幽霊」、妹が「小幽霊」と亡者扱いにされた。記事には茨木署の早稲本警部の所感も載っている。

工場を観察して鉄条網のあるのに驚きました。労働時間も十五時間の永い間虐使するなどもってのほかで、少年工保護のために制定された最低年齢法には当然抵触します。本事件は他の同業者の覚醒を促すために徹底的に取り調べてほしいと思います。

『職工事情』や『女工哀史』はしばしば「虐待」という言葉を使っている。それに比べると頻度は低いが、「虐使」という言葉もよく出てくる。後者は、虐待と酷使を合わせたような意味で、残酷無慈悲にこき使うことを表している。体罰をともなう懲罰や見せしめもあった。番犬のように「ゴロツキ」を雇っている工場もあった。ここで紹介したのは、事件化して工場主らが刑事罰に処せられたケースであるが、事件になるまでにはいたらないような、人格を否定し人間の尊厳を傷つける行為――今でいう「いじめ」や「パワハラ」――は職場の日常になっていた。『女工哀史』が紹介しているところでは、そのころの大工場には養成部が置かれ専門の師範工が新人女工の教育・訓練にあたるが、小工場では古参の職工が新人女工をかわいそうなほど苛め倒す。「「鈍くさいなあ!」と尖り声で吸鳴《どな》りつけては、新入女工が何でも上達せねばならぬと一生懸命勉強している背《うし》ろから、その練習仕事をひったくってしまうのだ」。

戦前の工場における過労死・過労自殺

現代日本において過労死という言葉が広く知られるようになったのは、一九八八年に開設された「過労死一一〇番」からであった。しかし、過労死・過労自殺は戦前にもあった。というよりむしろ戦前の日本では、いまほど社会問題にはならなかったとはいえ、いま以上に過労死・過労自殺が多発した。

二〇一四年六月、「富岡製糸場と絹産業遺産群」がユネスコによって世界遺産に登録された。富岡製糸場は、一八七二(明治五)年、日本の「殖産興業」のために最初に設置された官営製糸工場として操業を開始した。一八九三(明治二六)年に三井家に払い下げられ、一九三九(昭和一四)年、片倉製糸紡績株式会社に統合、一九八七(昭和六二)年に操業を停止するまで存続した。世界遺産・富岡製糸場の公式ホームページから読める英文パンフレットには、創業時の女工の労働条件の一端が記述されている。それによると、「一日の労働時間は平均七時間四五分で、日曜は休日であった。そうした労働条件はヨーロッパではすでに一九世紀の後半に出現していたが、日本では非常に先進的であった」とある。

しかし、これには疑問も残る。富岡製糸場は、全女工が寄宿舎に入る制度を日本で最初に採用した工場であるが、一八七八(明治一一)年の在籍寄宿女工三七一人のうち、一四八人(約四割)が士族の出身者だったという。その点では、後の貧しい農家の娘とは違って、工場としても人集めに苦労し、最初は酷い働かせ方はできなかったのかもしれない。しかし、高瀬豊二『異郷に散った若い命――官営富岡製糸所工女の墓』によれば、一八七二(明治五)年から一八九二(明治二五)年まで、つまり官営時代の二〇年にかぎっても、判明しただけで五六人の女工が死亡している。これは在職死亡して引き取り手がなく、富岡市内の龍光寺と海源寺に葬られて残っている過去帳や墓石から確認したものである。そのなかの一六人が二〇歳未満であった。最年少は九歳一〇か月、次が一三歳一〇か月であった。

この章では製糸と紡績という繊維産業の女工の過重労働に焦点を当てているが、機械器具製造業などの男工も例外ではなかった。戦後日本の過労死問題のパイオニアの一人として知られる細川汀は、著書『かけがえのない生命よ』のなかで、一八九七(明治三〇)年に結成された労働組合期成会の機関紙『労働世界』が、一九〇一(明治三四)年に、芝浦製作所や沖電気で起きた「過労による結果の衰弱や頓死」を取り上げ、「いまや労働運動は賃金問題でも権利問題でもなく、生命問題である」と述べていたと書いている。ちなみに、一九〇一年はちょうど『職工事情』の調査が実施された年である。なおここでは立ち入らないが、『職工事情』から『女工哀史』にかけては、労働組合が結成されては潰されながら、大規模なストライキが起きるまでに発展した時代であった。

本題に戻れば、繊維産業における女工の職業上の疾病でとくに多いのは呼吸器病、わけても結核であった。『女工哀史』のなかで著者の細井は、日本の産業衛生学の先駆者で内務省の「工場衛生調査」にも携わった石原修の「衛生学上ヨリ見タル女工之現況」（一九一三年）を援用し次のように述べている。

寄宿女工一〇〇〇人のうち約一三人が毎年死亡する。病気になって解雇されるか、退職して帰郷後死亡した者を加えると、女工の死亡数は一〇〇〇人のうち二三人にのぼる。女工の死亡率に関するこの数字は、一二歳から三五歳までの一般の女性より三倍も高い。

死亡した工場在籍女工一〇〇〇人のうち三八六人、約四割は結核あるいはその疑いがある者である。また病気帰郷後に死亡した一〇〇〇人のうち七〇三人、約七割は結核あるいはその疑いがある者である。

この比率を当てはめると、日本の繊維産業に働く若い女性約七二万人の二・三％、約一万六五〇〇人が年々死亡していることになる。もしこれらの女工が家にいるなどして工場で働かなかったとすれば、その死亡率は三分の一の約五〇〇〇人で済んだはずである。「両者の差引約一万人は工場労働の真の犠牲である。我らが身に纏う衣服を作るために年々一万人の生命――うら若い女が亡び行くのだ。何という驚くべき事実だろう」。

これらの犠牲者の多くは、今日の言葉でいえば「職業病」であるだけでなく「過労死」ではないだろうか。過労死とは労働者が業務における過重な負荷で身心を壊して死亡するか、重度の障害を被ることをいう。過労自殺(自死)も過労死に含まれる。症状には脳・心臓疾患および精神障害が多いが、呼吸器疾患や消化器疾患もある。

戦前の繊維産業の工場労働者のあいだでは呼吸器疾患、結核が過労疾病の最大の割合を占めていた。なぜそう言えるのか。すでに述べたように、女工たちは過重労働による疲労の蓄積と健康障害の最大の要因である、夜業を含む異常な長時間労働の生き地獄のなかで働いていたからである。また、湿度が高く、ホコリが多く、採光や換気の悪い作業環境や、不衛生かつ拘束的な狭苦しい寄宿舎生活も、女工のあいだに結核を蔓延させ、女工の在職死亡や病気帰郷後の死亡を増やす一因であったからである。昼夜交替勤務であった紡績業の場合は寝具もまた同じものが昼夜交替で使用された。こういう環境では、女工たちのあいだに過労死が起きても不思議ではない。

石原は一九一三年一〇月の国家医学会例会における講演「女工と結核」で、当時の女工の結核犠牲者について「工女(女工)になったために死んだ」と言い、「工業は見ようによっては白昼人を殺しておる……。しかるにその責任を問う者もない」と嘆いている(籠山京編集・解説『女工と結核』)。

実をいうと、今回この新書を著すに際して『職工事情』や『女工哀史』をじっくり読むまでは、私自身も戦前の繊維産業の苛酷な労働環境における女工たちの死を「過労死」とは考えていなかった。目を開かされたのは、川人博の前掲『過労自殺 第二版』である。同書は過労自殺の「特徴・原因・背景・歴史」を考察した第二章に「人権史・労働史から見た過労自殺」の節を設け、二〇世紀初頭に長野県諏訪地方の製糸工場で働く女工たちのあいだで「過労自殺」が多発したことを再発見している。

一九六九年にNHKが放映したドキュメンタリー「ある湖の物語」(二〇〇一年に「NHKアーカイブス」で再放送)から川人が紹介しているように、諏訪湖の南側、三本松のふもとに自殺した女工たちの無縁墓地がある。そこには三十数人が眠っているという。諏訪湖の北側、中央線の横川鉄橋では轢死《れきし》者《しゃ》が続出した。その番組に出てくる一九二七(昭和二)年の新聞記事によると、その年の半年間で湖の周辺で自殺した女子工員は四七人にのぼるという。
そうした状況は山本茂実の『あゝ野麦峠――ある製糸工女哀史』にも描かれている。女工たちの自殺のことは彼女らが口にした歌にもある。

袂《たもと》に小石を拾い込み　死ぬる覚悟ときめたれど
死ねば会社の恥となり　帰れば親娘の恥となる
思えば涙が先に立つ

年月日は特定できないが、『あゝ野麦峠』には明治末期のこととして次のような元女工の語りが出てくる。始業の気笛がなって工場がせわしく動き始めて三〇分くらい経ったころ、突然作業場のシャフトが止まって作業が中断した。「大変だ、水車、水車にまたひっかかった！」の声。前にも何度か女工が水車に飛び込んで自殺したことがあった。「また」とはそういう意味である。自殺したのは数日前に、女工から「鬼」と言われていた検番に激しく殴打された製糸女工の木原スズであった。水死体となった彼女の行李《こうり》には両親に宛てた片仮名書きの遺書が残っていた。

シャッ金ガマダオワラズ、申シワケアリマセン、オヤ不孝ヲオユルシ下サイ、ワタクシノカラダハモウダメデス、サヨウナラ　スズ

この章では戦前の雇用身分制とそのもとでの労働者の状態を明治後期、大正末期、昭和初期を中心に見てきた。当時の状況は今日とはあまりにも大きく異なっていて、比較の対象にはなり得ないと思う人もいるかもしれない。しかし、当時の日本資本主義の異常な長時間労働と根強い女性差別は今日でもすっかり解消されたとはいえない。奴隷のような働かされ方もまったくなくなったわけではない。そのうえに一九八〇年代後半以降、雇用・労働分野の規制緩和が進み、労働法による保護と権利が次々に剝ぎ取られていくにつれて、戦前の暗黒工場を思わせるような酷い働かせ方が気づかないうちに息を吹き返してきて、社会全体においても差別された雇用身分が広がり、人びとの社会的地位と労働・生活実態が雇用身分によって引き裂かれた社会、すなわち雇用身分社会になってきたと言えるのではないだろうか。

第2章　派遣で戦前の働き方が復活

戦前の女工と今日の派遣労働者

前章では『職工事情』や『女工哀史』を手がかりに、明治中ごろから昭和初期にかけての紡績工場や製糸工場おいて女工たちがどのような「雇用関係」のもとで働いていたのかを見た。当時の女工たちの多くは、募集人によって農村から集められ、工場に送り込まれた。この場合、雇用関係は、工場主と女工との契約関係であるまえに、工場主と募集人の契約関係であった。

雇用関係が間接的である点で、かつての女工たちにもっとも近い存在は今日の派遣労働者であろう。二〇〇三年の労働者派遣法の改定によって、翌年から、それまでも請負やパートを装って行われていた製造現場への派遣が大っぴらに認められるようになった。〇五年には工場で働く派遣労働者を追ったNHKのドキュメンタリー「フリーター漂流——モノ作りの現場で」が反響を呼んだ。その当時、派遣会社が設けた宿舎に入居して、送迎バスで自動車工場などに向かう若い派遣労働者の姿がよく報じられた。指定の集合場所で派遣会社差し向けの送迎バスに行く先を知らされずに乗り込み、工場に送り込まれる日雇い派遣の記事や映像をよく目にした。記事には毎日派遣先が変わるという話や、指定の場所で待っていても仕事にあぶれる日もあるという話も載っていた。私はそのころそうした報道に接して、東京や大阪に古くからあった現場作業者の「寄せ場」を、全国的な労働市場に広げたのが今日の労働者派遣制度ではないかと思った記憶がある。

二〇〇八年には流行語大賞トップテンに「蟹工船」が選ばれた。それは一九二九(昭和四)年に発表された小林多喜二の『蟹工船』がそのころ異例のブームになっていたからである。この小説では「周旋屋」によって集められて、オホーツク海でタラバガニの捕獲と缶詰加工を行う船の工場に送り込まれた労働者たちが苛酷な搾取に抗して立ち上がり、そして暴圧される情景が描かれている。彼らのなかには、不況で職がなく周旋屋にだまされて連れてこられた東京の「学生上り」もいた。「学生は十七、八人来ていた」。

『女工哀史』の募集人も『蟹工船』の周旋屋も今風にいえば派遣会社であり人材ビジネスである。今日では人材ビジネスは労働者派遣業を営んでいるだけではない。人材ビジネスは、新規学卒者の「就職支援」から正社員の「再就職支援」まで手を広げ、一般事業会社の「首切りの相談」から「ヘッドハンティング」、さらには「追い出し部屋」まで請け負っている。雇用が壊れて非正社員が増え、正社員といえどもいつ辞めさせられるかわからないなかで、非正社員も正社員も生涯職探しを免れず、人材ビジネスが大いに繁盛する時代になりつつある。

第二次世界大戦前の日本では、組頭、親方、周旋屋、募集人、紹介人、口入れ屋、手配師など多様な名称の労働市場の仲介業者が存在し、労働者供給事業が広く有料で営まれていた。当時は、労働者の保護法制が不十分であったために、労働者の求職や就労を食い物にする悪質な労働者供給業者が多かった。供給先の企業も、労働者を募集する手間と使用者責任を回避しようとして、他の者を介せず労働者と契約を交わす「直接雇用」より、労働者供給業者から受け入れる「間接雇用」を好んで利用していた。また、そのなかで脅迫や監禁をともなった強制労働、奴隷的な人身売買、賃金の中間搾取(ピンハネ)、労働市場や労働争議への暴力団の介入などが広く行われていた。

戦後の労働改革のなかで、一九四七年四月に労働基準法(労基法)、つづいて一一月に職業安定法(職安法)が制定された。職安法は、使用者と労働者のあいだに中間業者が介在することにともなう前述のような前近代的な慣行をなくすために、「供給契約に基づいて労働者を他人の指揮命令を受けて労働に従事させること」を「労働者供給」と規定し(第四条六項)、労働組合によるものを除き、労働者供給事業を営むことも、労働者供給業者から供給される労働者を自らの指揮命令下で労働させることもともに禁止した(第四四条)。その翌年には、労働者供給事業とは異なる民法上の「仕事の完成」に関する請負契約についても、労働者は常用も臨時も直接雇用とするという原則のもとに、一定の要件が定められた。

しかし、一九五二年に請負の要件が緩和されたという事情もあって、社外工や業務請負のかたちで、職安法の労働者供給事業規制を潜り抜ける間接雇用が広がってきた。六〇年代の後半になると早くも公然と派遣会社が登場するようになる。六六年には、アメリカの人材派遣会社の日本法人であるマンパワー・ジャパンが設立された。その後、七三年にテンプスタッフ、七六年にパソナが設立されるなど、ビル管理、事務処理、情報処理などの分野で、職安法では禁止されているはずの労働者供給事業を営む企業が次々と現れた。

このような状況を踏まえて、行政管理庁（一九八四年、総務庁に統合）は、一九七八年七月、人材ビジネスの運営実態と指導監督状況に関して「勧告」を行った。その内容は、増加してきた業務処理請負について、産業界の多様な需要に応え、労働者にも就業の機会を提供していると評価したうえで、労働者供給事業を「部分解禁」する方向を打ち出したものであった。

これを受けて、労働省（現厚生労働省）のなかに高梨昌信州大学教授（当時）を座長とする「労働力需給システム研究会」が設置され、一九八〇年四月、労働者派遣事業に対する許可制度の創設を盛り込んだ「今後の労働力需給システムのあり方についての提言」がとりまとめられた。

こういう経緯を経て一九八五年に労働者派遣法（「労働者派遣事業の適正な運営の確保及び派遣労働者の就業条件の整備等に関する法律」）が成立した。この法律は、さきの行政管理庁の「勧告」

や労働力需給システム研究会の「提言」を受けて、既成事実化してきた労働者供給事業の違法状態を「労働者派遣事業」として合法化することを企図したものである。

派遣労働の多くは単純業務

労働者派遣法の施行時に派遣の許可業務として認められたのは、「専門的な知識、技術又は経験を必要とする業務」または「就業形態・雇用形態等の特殊性により、特別の雇用管理を行う必要があると認められる業務」であった。具体的には、①ソフトウエア開発、②事務用機器操作、③通訳・翻訳・速記、④秘書、⑤ファイリング、⑥調査と調査結果の整理・分析、⑦財務処理、⑧取引文書作成、⑨デモンストレーション、⑩添乗、⑪建築物清掃、⑫建築設備運転・点検・整備、⑬受付・案内・駐車場管理の一三業務であった。さらに施行から四か月目に、⑭機械・設備の設計、⑮放送機器等の操作、⑯放送番組等の制作の三業務が追加され、派遣許可業務は合計一六業務となった。その後一九九六年の派遣法改定で一〇業務が追加され、いわゆる「専門二六業務」に拡大された。

労働者派遣法の成立に際して中心的役割を務めた高梨は、この法律が制定されるに至った社会経済的背景について、(1)サービス経済化にともなう職業の専門分化、(2)外注・下請化の進行、(3)労働者の意識の変化を挙げている。押し広げていえば、第一に、サービス経済化とME化(情報化)にともなって、巨大企業は専門的な技術、知識および経験を身につけた人材を多数必要とするようになった。また、第二に、外注・下請化の進行にともなって、社内にはないか、不足している専門的な知識や技能を有する人材を社外から派遣してもらうニーズが高まってきた。さらに、第三に、特定の会社に正社員として長く勤めるよりも、企業に縛られず自らの知識、技術、経験を生かして働くことを望む新しい職業意識や勤労観をもった労働者が増加してきた。要するにこうした経済社会の変化に応えて登場し発展してきたのが労働者派遣業だというのである。

この説明はもっともらしく見えるが、「人夫出し」あるいは「人夫貸し」といわれた戦前の「労働者供給」を「労働者派遣」と言い換えて正当化するためのこじつけである。前近代的労使関係のもとで労働者供給事業が栄えた戦前の日本ではまだ経済のサービス化も情報化もなかった。

サービス経済化や情報化が言われ始めたのは、初発的には一九七〇年代以降、本格的には八〇年代以降である。しかし、そうなってからも専門的な知識や技能をもつ労働者が単純に増えてきたとはいえない。産業構造においてサービス部門の比重が高まっていくことをサービス経済化と呼ぶなら、それは知的労働よりむしろ単純労働を増やしてきたというべきである。

産業大分類で見ると、サービス産業は、情報通信業、運輸業・郵便業、不動産業・物品賃貸業、学術研究・専門・技術サービス業、宿泊業・飲食サービス業、生活関連サービス業、娯楽業、教育・学習支援業、医療・福祉、他に分類されないサービス業にまたがっており、膨大な雇用人口を抱えている。産業大分類では職業紹介・労働者派遣業も他に分類されないサービス業の一つに含まれる。

総務省の二〇一四年「サービス産業動向調査」確報によれば、サービス産業の従事者総数はなんと二八四八万人にのぼる。うち常用労働者は二三四〇万人で八割強を占める。常用労働者中の「正社員・正職員」(正規労働者)は一三二一万人(五六％)、「正社員・正職員以外」(非正規労働者)は一〇一九万人(四四％)となっていて、臨時雇用者などを除いても、非正規比率が非常に高いことがわかる。医療・福祉を除くサービス産業で常用労働者数がもっとも多いのは、宿泊業・飲食サービス業の四二八万人であるが、そのうち正規労働者は一〇三万人(二四％)にとどまり、残りの三二五万人(七六％)は非正規労働者である。これらの数字はサービス産業が単純労働者の多い産業であることを示している。

労働者派遣法の制定時に、同法の推進者たちは、派遣が解禁される業務は特定の「専門的な知識、技術又は経験を必要とする業務」に限定されるので、正社員が派遣労働者に置き換えられる心配も、労働条件の劣悪な労働者が増える心配もないと説明した。しかし、労働者派遣法の成立時に派遣が許可された業務のうちには、ファイリング、建築物清掃、受付・案内・駐車場管理など、高度の知識やスキルを要さない単純労働の業務が、こっそりというよりごっそり含まれていた。事務用機器操作にしても、今日では通常のパソコン操作であれば特別の熟練や技能を必要としなくなっている。労働者派遣法が初めから単純労働の業務を含んでいたことは高梨も認めている。その証拠に、彼は、「派遣法立法時の原点からの乖離」と題されたインタビューのなかで、当初の派遣対象業務にビルメンテナンスとファイリングという二つの単純労働ないし不熟練労働を入れたことが、専門的な知識や経験をもった業務の派遣を認めるという論理の破綻を招き、それが特定の業務だけを限定解禁する「ポジティブリスト」から特定の業務以外は原則自由化する「ネガティブリスト」に変わっていく道筋を準備したと述懐している。

厚生労働省「平成二〇年派遣労働者実態調査結果の概要」によって派遣労働者が就業している業務(複数回答)を見ると、単純労働と見なすことができる業務に従事する労働者の割合は、最初期から認められていた四業務に限っても、事務用機器操作(三三・一%)、ファイリング(一〇・一%)、建築物清掃(三・六%)、案内・受付・駐車場管理等(九・七%)の合計五六・五%となっている（それぞれの数字は「専門二六業務」の合計を一〇〇％としたときの割合）。たとえ受け入れ時に特定の専門業務に就くことになっていても、受け入れ後はいくつかの単純業務も兼務させられる事例も少なくない。そのことを考えると、派遣における単純業務の比率はさらに高くなる。

もともと、派遣法の成立に先立って既成事実として拡大していた派遣的形態の業務処理請負業は、単純労働的な性格の強いビル管理、事務処理、情報処理を三大業務としていた。これらの業務において派遣を合法化したという点では、労働者派遣法は、専門業務に携わる労働者を社外から受け入れるというより、むしろ単純業務に従事する社内の常用労働者を社外の派遣労働者に置き換えることを意図していたといわなければならない。

一九八〇年代半ば以降の雇用の規制緩和と派遣労働

当初の労働者派遣法案の成立過程にもどれば、提案者は「派遣契約事業とそこで働く派遣社員の保護を図るための公的規制の実効ある立法化」を強調した。これは言ってみれば既成事実化した違法状態を野放しにするよりも、一定の規制のもとにおいて解禁するべきだという趣旨であるが、実際には、派遣法は、規制強化より一九八〇年代半ば以降の雇用・労働分野における規制緩和の突破口を開いたといえる。そのことは、派遣業界が派遣法の立法化に際して、

「規制緩和という時代の流れを背景として、事業規制は原則撤廃すべきであり、とりわけ、許可制、派遣対象業務、派遣期間等の諸規制については、制度の円滑な運用を可能とするよう、早急に見直すべきである」（中央職業安定審議会労働者派遣事業等小委員会、一九八四年）と述べて、自由化を要求していたことからも明らかである。

労働者派遣制度の合法化は派遣業界が求めただけではない。労働者供給事業の規制緩和の背景には、雇用の柔軟化・間接化・外部化を通じた労働市場の流動化を求める経済界の要求と、それを支援する政府の労働政策があった。この点で参考になるのは、労働者派遣法の成立と同じ年に出版された経済企画庁総合計画局編『二一世紀のサラリーマン社会――激動する日本の労働市場』である。経済企画庁が社会開発研究所に委託して行った調査の報告書「二〇〇〇年に向けて激動する労働市場」を収録したこの本は、労働市場を終身雇用と年功賃金に守られてきた正社員・正職員などの正規雇用からなる「内部労働市場」と、パート・アルバイト、派遣、日雇い、臨時などの非正規雇用からなる「外部労働市場」とに分け、近年の賃金格差の拡大は、賃金の低い「外部労働市場」が急速に膨らむことによって、賃金の高い「内部労働市場」とのあいだで「二極分化」が進行する過程で生じているという。

厳密にいえば、企業の内部では労働力の売買は行われておらず、人事異動はあっても労働移動はない。したがって、企業内労働市場という意味での「内部労働市場」は存在しない。しかし、ここでは、正規労働者群と非正規労働者群とへの雇用労働者の「二極分化」を便宜的に表す言葉として、労働市場の「内部」と「外部」の区別を用いることにする。

さきの『二一世紀のサラリーマン社会』によれば、内部労働市場は勤続年数の長期化や高齢化が賃金コストの負担増をもたらすために、自ずと崩壊する矛盾を抱えている。また、ME化(情報化)の進展にともなう仕事のマニュアル化・単純化によって、内部労働市場の正規労働者はパートや派遣などの外部労働市場の非正規労働者に置き換えられる可能性がある。そこから同書は二一世紀の労働市場を展望して、全労働者に占める非正規労働者の割合は一九八五年現在では「六人に一人」であるが二〇〇〇年には「三人に一人」になるだろうと予想する。この予想は三〇年を経たいまではとっくに現実になっている。

念のために総務省「就業構造基本調査」で確認すれば、非正規労働者の総数は、一九八二年の六七〇万人から、二〇一二年の二〇四〇万人に増加し、全労働者に占める割合は、一七%(六人に一人)から三八%(二・六人に一人)に高まった。

『二一世紀のサラリーマン社会』から採った図2-1を見ていただきたい。この図では企業内の雇用構造(従業員の配置)が「研究開発」「工場・オフィス」「販売・サービス」の三部門に分けられている。これらの部門の長期的な変化は、一九八五年当時、次のように説明されていた。「現状の工場・オフィス部門の従業者は点線で示しているように三つの部門の中で最も大きく、研究開発部門や販売・サービス部門は相対的に小さい十字架に似た形状を描いている。

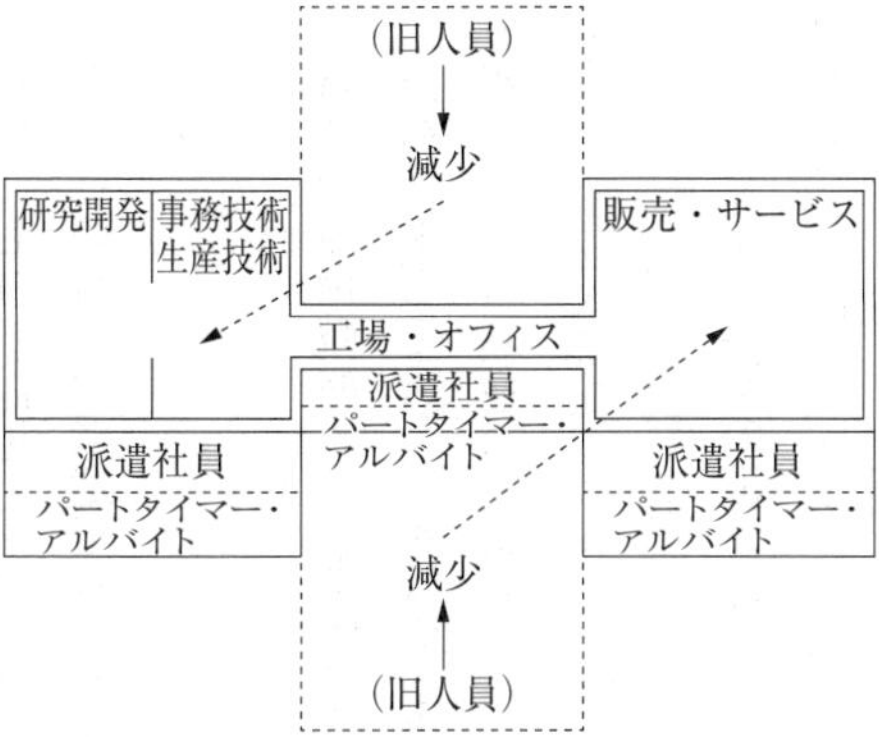

（出所）経済企画庁総合計画局編『21世紀のサラリーマン社会』.

図2-1　企業内雇用構造の長期的変化

ところが長期的な観点からすると、工場・オフィス部門の従業者が、研究開発部門と販売・サービス部門に移行し、中央部が凹んだバーベルに似た形状になっていくとみられる」。ここでは、長期的には、三部門とも「派遣社員」と「パートタイマー・アルバイト」への依存を高めていくと見通されている。その場合、派遣社員はパート・アルバイトよりも賃金は高いが極めて流動性の高い労働者と位置づけられ、パート・アルバイトを凌ぐ勢いで増えていくものと想定されている。派遣会社が厚生労働省に提出する「労働者派遣事業報告書」によれば、労働者派遣法が施行された一九八六年度における派遣労働者数は、一四万五〇〇〇人で労働者全体のわずか〇・三％に過ぎなかった。その時点で派遣労働者が非正規労働者の有力な部隊として位置づけられているのは驚きである。

財界の雇用戦略――『新時代の「日本的経営」』

派遣労働者を含む非正規労働者の増大を考えるうえでいまひとつ見過ごせないのは、一九九五年に出た日経連の『新時代の「日本的経営」――挑戦すべき方向とその具体策』(新・日本的経営システム等研究プロジェクト報告)である。この報告は、「株式投資における各種銘柄の組み合わせ」、あるいは「収益性や安全性を考えた分散投資」を意味する「ポートフォリオ」という概念を雇用形態の組み合わせに適用して、雇用グループを、A「長期蓄積能力活用型グループ」、B「高度専門能力活用型グループ」、C「雇用柔軟型グループ」の三つに分け、Aグループを極端に絞り込み、BグループとCグループを大幅に増やす戦略を打ち出した(図2-2参照)。これを「ポートフォリオ」というのは、企業は、雇用調整の柔軟化と人件費の引き下げを押し進めるには、これらの三つのグループをどのような割合で組み合わせるかを決定し、正社員だけでなくパート、契約社員、派遣労働者などが何人必要かを判断して分散雇用をすることが望ましいという考えに立っているからである。
　Ａグループが長期雇用の正社員、Ｃグループがパート・アルバイト、派遣労働者などの非正規労働者を意味することは明らかである。しかし、Ｂグループが具体的にどのような雇用形態を指すかは必ずしもはっきりしない。「有期雇用」でかつ「年俸制」とされている点では契約社員を想定していると考えられるが、企画・営業・研究開発などの「専門部門」を対象とするという点では、「高度の専門能力」を有する派遣労働者を受け入れる構想として打ち出されたのかもしれない。

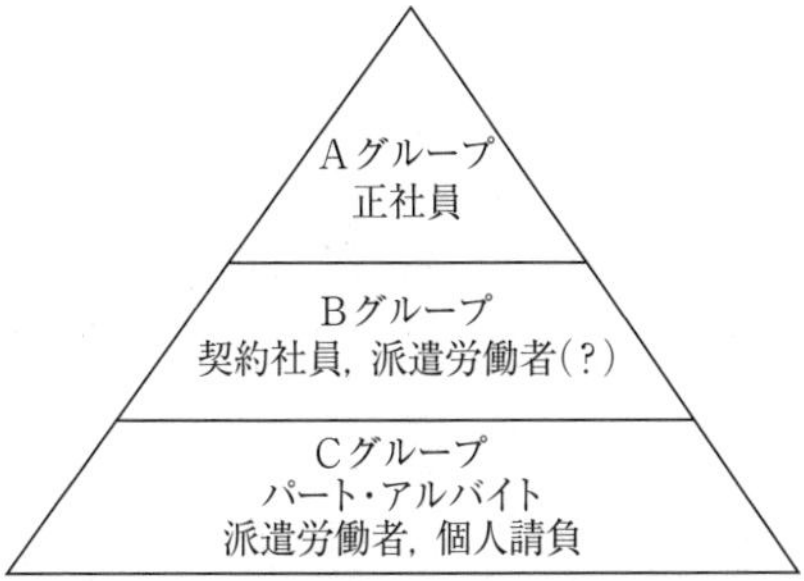

（注）Ａは長期雇用契約，月給制か年俸制，昇給あり，退職金・年金あり．Ｂは有期雇用契約，年俸制，昇給なし，退職金・年金なし．Ｃは有期雇用契約，時給制，昇給なし，退職金・年金なし．
（出所）日経連『新時代の「日本的経営」』．

図 2-2　日経連が描いた雇用の階層構造

　いずれにせよ、日経連が打ち出した雇用戦略に呼応して、一九九六年には労働者派遣法が改定され、前に述べたように派遣の対象業務が従来の一六業務から二六業務に拡大された。この拡大ではまだ対象業務を限定列挙するいわゆる「ポジティブリスト」方式をとっているが、つづく九九年の派遣法改定では明示された少数の禁止業務——港湾運送、建築、警備、医療、物の製造など——以外は原則自由化するという「ネガティブリスト」方式に変わった。そして、二〇〇三年の改定(〇四年三月施行)に至り、工場の製造現場への派遣も解禁され、それまでに既成事実化していた製造派遣が一挙に拡大することになった。

派遣労働は英語では臨時的・一時的な仕事という意味で「テンポラリー・ワーク」といわれる。派遣の惨めな働き方を表すときに「テンプ・スレイブ」(temp slave, 派遣奴隷)という言葉が使われることもある。しかし、日本ではもともと期間限定の臨時的・一時的な仕事のための制度として出発したはずの派遣が次第に継続的・反復的な働き方に変わってきた。それとともに〇三年の改定では、自由化業務の派遣受け入れ期間の限度が従来の一年から三年に延長された。それまで同一の派遣労働者の受け入れを三年までとされてきた「専門二六業務」については、期間の制限がなくなった。

労働者派遣制度の規制緩和はこれで終わったわけではない。のちに述べるリーマンショックの際の派遣切りのあと、民主党政権下で製造派遣および登録型派遣の原則禁止案が頓挫し、二〇一二年三月にかろうじて日雇い派遣(日々または三〇日以内の期間を定めた派遣)を例外容認付きで原則禁止とする規制だけが通った。しかし、ここ一、二年、政府・自民党は労働者派遣制度の新たな規制緩和を企図し、国会に再三法案を提出してきた。その結果、一五年三月に提出された労働者派遣法改定案が九月に自民党、公明党などの賛成で可決・成立した。これによって、「専門二六業務」の枠組みが廃止され、企業は人さえ替えれば同一事業所での派遣使用期間をいくらでも延長できるようになった。こうなれば、派遣はいよいよもって専門的なスキルのある労働者を期間限定で使用する制度ではなくなり、正社員をいつでも使い捨て可能な派遣労働者に恒久的に置き換える制度になることは避けられない。

リーマンショック下の派遣切り

日本経済は、一九九〇年のバブル崩壊のあと、長期不況に突入し、景気が少し上向くとすぐにまた落ち込んで低迷を続けてきた。二〇〇二年から〇七年にかけては、賃金は抑えられたまま大企業だけが潤う「戦後最長の景気拡大」があったが、〇七年の終わりごろには、すでに景気後退の兆候が現れていた。そこに追い打ちをかけたのが〇八年秋のリーマンショックに端を発するアメリカ発の世界恐慌であって、日本の製造業は、世界貿易が縮小するなかで、崖を転落するように一気に谷底に沈み、突然、派遣労働者を中心に数十万人もの非正規労働者が雇い止めにされるという事態に立ち至った。

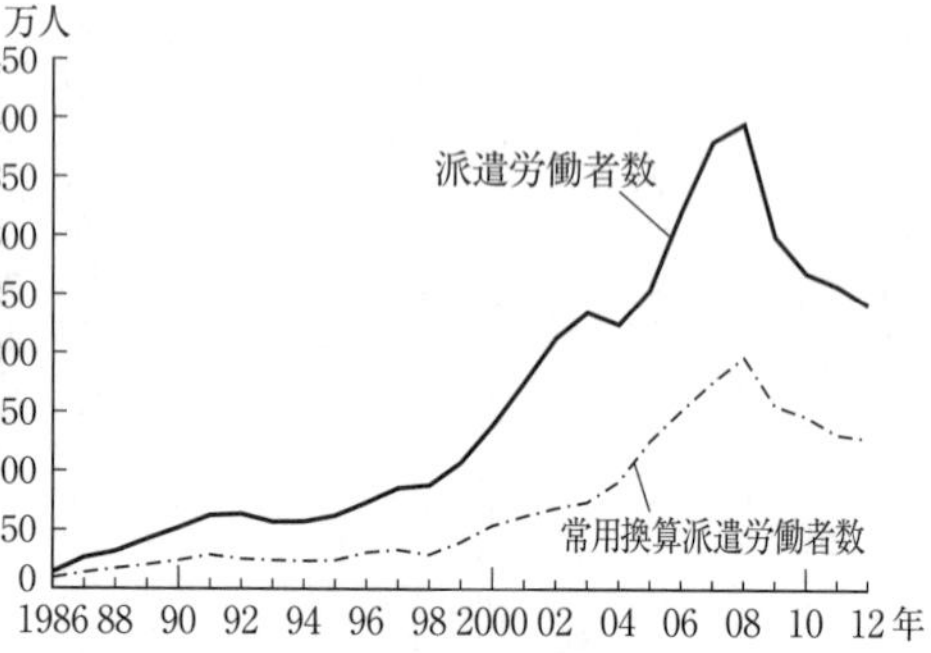

（出所）厚生労働省「労働者派遣事業報告書」.

図 2-3　派遣労働者の長期的推移

派遣労働者の増減については、社内派遣や客先常駐（顧客の事業所に派遣されて業務に従事）を含む多様な供給経路の派遣労働者の実数を正確に把握することが困難なために、確かな統計はない。前出の「就業構造基本調査」を参考にすれば、「労働者派遣事業所の派遣社員」は、労働者派遣法施行直後の一九八七年の九万人（〇・二%）から二〇〇七年の一六一万人（三%）に増えたが、リーマンショックを契機に大量の「派遣切り」があり、二〇一二年には一一九万人（二・二%）に減少している。

もう一つの参考として、図2-3に派遣会社が提出する毎年六月時点の「労働者派遣事業報告書」をもとにした厚生労働省の集計結果を示した。これによれば、派遣労働者は、労働者派遣法の施行以降ほぼ一貫して増え続け、二〇〇八年に三九九（一九九）万人を数えるまでになった。しかし、リーマンショック後の二〇〇九年には三〇二（一五七）万人に落ち込み、二〇一二年にはさらに二四五（一二八）万人に減少している（カッコ内は常用換算派遣労働者数。不正確だがわかりやすくいえば、ある派遣事業所に常時雇用の労働者が一〇人いて、一人が一年に平均二〇〇〇時間働いている場合、常時雇用でない登録労働者が合わせて年間一万時間働いているとすれば常時雇用の労働者五人に換算され、常用換算労働者数は一五人となる）。

派遣労働者に仕事があるかどうかは派遣先企業の都合次第である。派遣先の大企業は事業が好調なときは派遣元企業を通して多数の派遣労働者を受け入れるが、景気の悪化や事業の不振で業績が落ちると、派遣先は派遣元との派遣契約を打ち切り、派遣労働者は派遣元企業から雇い止めを受ける。前章で見たように、『女工哀史』の時代の工場労働者は、「御社事業の御都合により、いつ解雇されても異議なきはもちろん、御社職工規定により如何様に御取計されようとも苦情は申し立てません」という一札を入れなければならなかった。この点では今日の派遣労働者も変わらない。いやそれどころか、今日ではそうした誓約書は差し入れるまでもないだけに、いっそう無慈悲であるともいえる。

リーマンショックによる派遣切りの規模を確かめるために、「労働力調査」（詳細集計）によって二〇〇八年一〇～一二月期と〇九年七～九月期を比較すると、派遣労働者数は一四六万人から一〇二万人に、四四万人減っている。このときの派遣切りでは空前の規模の派遣労働者が突如契約を打ち切られ、大勢の労働者が路頭に投げ出された。そのために、仕事も住居も失った人びとの避難所として、〇八年一二月三一日から〇九年一月五日まで東京・日比谷公園内に「年越し派遣村」が開設された。

当時の報道は、製造派遣の急激な増加と突然の使い捨てを可視化して、日本社会の格差と貧困がかつてなく深刻化していることを明るみに出した。リーマンショックでは、女性のあいだでも乱暴な雇い止めにあった派遣労働者やパートタイム労働者が大勢いた。二〇〇七年の「就業構造基本調査」で見ると、リーマンショック直前の急膨張した製造業の派遣労働者の四割は女性であった。しかし、派遣村に駆けつけた報道陣の目に留まりテレビに映し出されたのは、ほとんどが男性の派遣労働者であった。もし仮にそこに集まった派遣難民がもっぱら女性であったとすれば、あれほど大きな関心を呼ばなかったかもしれない。言い換えれば、日本の社会通念でいう「いい年をした男たち」が年越しも無事にできないほど雇用が壊れたことが大きな社会問題としてとらえられたのである。

雇用関係から見た派遣という働き方

本書は現代日本の労働社会を雇用身分社会として考察することを課題としている。この課題に照らすなら、ここで「派遣労働者はどのような雇用身分なのか」が問われなければならない。

派遣労働者はパートやアルバイトや契約社員と並んで非正規雇用の労働者に数えられる。しかし、そもそも派遣という就労形態は近代的な意味で「雇用」といえるのだろうか。しばしば、パート・アルバイトなどが「直接雇用」であるのに対して、派遣は「間接雇用」であるといわれる。あるいは、派遣という働き方／働かせ方においては、雇用関係と使用関係（指揮命令関係）が分離されているという説明がなされることもある。

派遣労働は「雇用形態の多様化」の流れから生まれてきた。だからといって派遣を単純に雇用の一形態と見なすことはできない。派遣という働き方がまともな雇用であるなら、戦後の職安法が禁止した戦前の労働者供給事業もまともな雇用であったということになる。

図2－4に厚労省が用いている労働者供給制度の概念図を部分的に修正して掲載した。図2－5はこれとの対比で同じく厚労省の説明から労働者派遣制度の概念図を修正して示した。引用にあたって図2－5の左側の「雇用関係」に「？」を付したのは、これをもって近代的「雇用関係」とはいえないのではないかという疑問を投げかけるためである。

都道府県労働局のホームページのなかには図2－4の供給元と労働者のあいだの「支配関係」をわざわざ「親分子分的封建的支配関係」と書いている例もある。この親分子分関係も雇用であると拡大解釈するのでなければ、労働者供給業者とその支配下の労働者の関係を雇用と

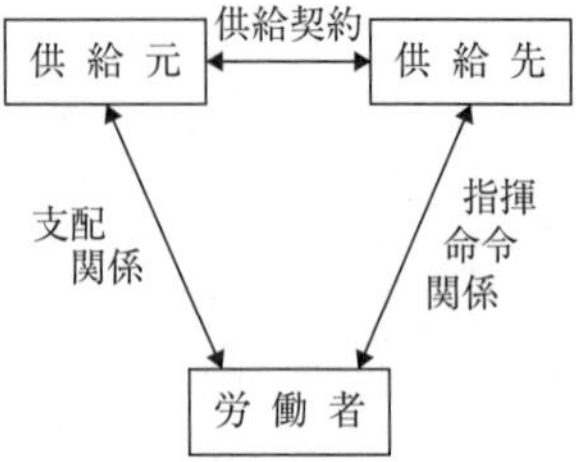

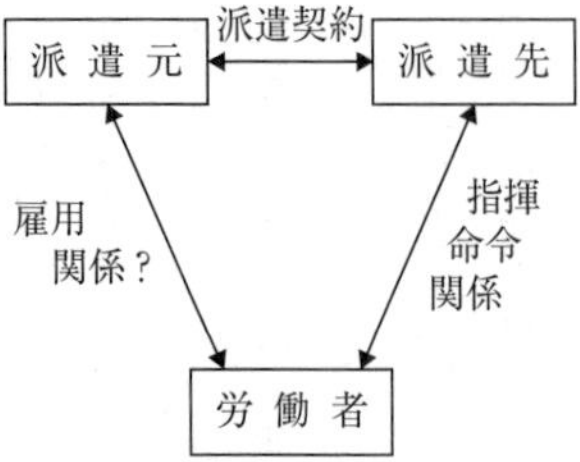

（出所）図2-4・図2-5ともに厚労省の説明をもとに作成した著者によるオリジナル.

図2-4　労働者供給制度の概念図

図2-5　労働者派遣制度の概念図

見なすことはできない。それをあえて雇用と呼ぶなら、それは近代的なまともな雇用とはいえず、前近代的な女工哀史的、蟹工船的な雇用であるといわなければならない。

近代的雇用関係においては、雇用主と労働者は形式的には相互に独立した主体として対等の関係にある。労働者はどんな雇用主のもとでどんな職業に従事するかを自由に選択できる。そこでは主従関係も身分的拘束も強制労働も暴力的支配も排除されている。また労働者は組合結成の自由と団体交渉の権利を有している。こうした条件を欠いているか、大幅に制約されている戦前の労働者供給制度が近代的雇用形態とはいえないのは言うまでもない。

それでは今日の労働者派遣制度はどのようにとらえればいいのか。以下にその本質的特徴と考えられる点を箇条書きにしておく。

◆労働者派遣制度は、事業主または経営者は労働者を直接に雇用して賃金を支払わなければ労働者を使用してはならないという雇用の第一原則を否定することによって成立した。

◆もともと一体不可分である「雇用関係」と「使用関係」を無理矢理分離して、職安法で禁止されてきた労働者供給事業を「労働者派遣事業」と言い換えて解禁し、労働市場仲介業者の中間搾取(ピンハネ)を合法化した。

◆労働契約は労働者が使用者の指揮命令下で労働し、その対価として使用者が労働者に賃金を支払うことについて、労使が合意することによって成立するはずであるが、労働者派遣制度はこの関係を、派遣先が派遣元に「派遣料金」を支払い、その一部を「賃金」として派遣元が労働者に支払う形式に置き換えることによって、労働契約の根本原則を破壊した。

◆労働者が従事する業務の種類、働く場所、賃金、労働時間、受け入れ期間などの労働条件の決定を派遣元と派遣先の商取引(派遣契約)に委ね、労働条件の決定から労働者を排除している。

◆労働者派遣制度においては、派遣先に仕事があり、派遣元と派遣先との派遣契約があらかじめ成立していることが派遣元と労働者のあいだに名ばかりの「雇用関係」が成立することの前提条件となっていて、労働者は派遣元と派遣先との派遣契約が継続している場合にのみ就労の場が与えられる。

◆使用者は労働者の安全と健康に配慮する義務があるが、労働者派遣制度は「使用関係」と「雇用関係」を分離することによって、使用者が労働者に対する安全健康配慮義務を免れることを可能にしているだけでなく、そのうえに企業の福利厚生の利用と社会保険の適用から事実上派遣労働者を締め出している。

◆法的な形式においては派遣労働者も労働基準法をはじめとする労働法の保護と権利を与えられているが、派遣労働者は同じ雇用主のもとで共通の利害関係を有する仲間と共同協力することが時間的・空間的に困難な状態におかれているために、団結権や団体交渉権が認められていても、事実上団結の場が奪われ、組合結成が阻害され、労働法上の種々の権利行使が制限されている。

派遣労働には「登録型」と「常用型」の二種類がある。登録型では、労働者が派遣会社に氏名や業務を登録し、仕事を紹介されて就労する時点で派遣会社と「雇用契約」を結び派遣先の会社で働く。就労期間が短いために、一定の継続性を前提とする社会保険や年次有給休暇などの権利の行使については一般の労働者と比べ不利になる。常用型では、派遣会社と期間を定めない労働契約を結んで、一定の派遣期間ごとにあちこちの派遣先に派遣されるが、派遣が中断しているときも派遣元との労働契約は継続しているので、就労の一定の継続性を前提にする権利は一般の労働者と同様に保障される。

先に述べた労働者派遣制度の本質的特徴は、登録型により強く当てはまるとはいえ、基本的には常用型にも妥当する。

派遣という働き方は、一九世紀のイギリスや戦前の日本の労働者供給事業に起源があるが、戦後的な形態ではアメリカで発展し、世界に広がった。さきに述べたのはあくまで派遣労働の日本的な実態を踏まえた特徴づけであって、たとえばＥＵ（欧州連合）の派遣にそのまま妥当するわけではない。ＥＵの派遣労働指令は、派遣労働者の労働・雇用条件（賃金、労働時間、残業、休日など）における均等待遇や、派遣期間の制限や、福利厚生施設や職業訓練へのアクセスの改善などの措置が設けられている点で日本とは大きく異なる。しかし、その場合でさえ、派遣が労働者の保護や権利や地位や状態を危うくしやすい働き方であることには変わりない。

中高年派遣の実態と派遣法「改正」法案

派遣の働き方で「テンプ・スレイブ」的性格がきわだっているのは日雇い派遣である。横山源之助の『日本の下層社会』には日稼人足(日雇い人足)の話が出てくる。この本が書かれた一九世紀末の東京では、実に多数の男女の日稼人足が「道路人足」「土方人足」「工場人足」「会社人足」として使役されていた。道路人足の例でいえば、土木業者が東京府庁の許可を得て土木工事を請け負って、人足募集に従事する親方に人足を募集させた。業者は男の人足には一人一日四〇銭を負担するが、請け負った土木業者がたいてい上前を三〜四銭を取り、募集人である親方がさらに二〜三銭をピンハネし、通例、日稼人足の手に入るのは三十二、三銭、女の人足の場合は二〇銭であったという。

一般の日稼人足は現場が転々と変わるので日々親方が異なることが多かったが、土方人足の場合は、長年の慣習で決まった親方(あるいはその配下の兄貴分)のもとにおかれていた。

私は『週刊エコノミスト』に主に雇用・労働関係の新刊本を中心に短い書評を書いている。先ごろ、中沢彰吾『中高年ブラック派遣——人材派遣業界の闇』を取り上げる機会があった(二〇一五年六月二三日号)。

著者の中沢は毎日放送(MBS)の記者を経て著述業に転身し、この一年ほど登録型の派遣労働者として日雇い派遣を自ら体験した。それだけに、同書には潜入ルポならではの具体例が満載され、描写にもリアリティがある。派遣の複雑な法制度や業界に甘い監督行政についても、著者は学者も顔負けの勉強をしている。

派遣会社は「あなたの能力、経験、職業適性を最大限に生かして働けます」と言う。だが実情はまったく違う。著者はどの派遣会社でも、スキル、経験、希望職種などはいっさい問われたことはなかった。履歴書すら提出する必要がない。説明会で求められるのは、運転免許証などの証明書類と、預金通帳、携帯電話だけである。

法律上は、派遣会社にも派遣先企業にも、それぞれ派遣のルールに詳しい「責任者」の選任が義務づけられている。しかし、著者は派遣先の職場で人事労務に通じた人物に一度も出会ったことがないという。あるときに労働法の遵守を訴えたら、責任者から「二時間倉庫に押し込めて、ずっと立たせとくからな」と脅された。

酷い扱いをされた例を挙げれば、派遣はエレベーターに乗れなかったり、派遣先食堂を使わせてもらえなかったり、ノロウイルスで下痢気味なのに出勤を強要されたりしたこともある。医学分野の大規模学会の派遣では、一時間待機させられて用済みになり、一時間分の一五〇〇円の「日給」で一日を棒に振ったこともある。

派遣労働者は人材派遣会社にも文句をいえない。就業規則には、「当社の業務、運営に支障をきたす恐れのある方は、担当者の判断でその日の仕事から外れていただく」「予約した仕事のキャンセルはできません」「遅刻、欠勤、早退は認められません」「欠勤は理由の如何を問わず五〇〇〇円を罰金として天引きします」「賃金の額、就業条件等について、派遣先で他の労働者と会話してはいけません」「交通費はお支払いできません」などと書かれている。

『中高年ブラック派遣』の帯には「奴隷労働の現場」とある。さきに述べたように二〇一五年九月に成立した改定労働者派遣法は、派遣先には職種を問わない正社員の派遣労働者への置き換えと派遣の恒久的受け入れを可能にし、派遣労働者には転々と職場を変えながらの生涯派遣に道を開き、「奴隷労働の現場」を拡大するおそれが大きい。これは一言でいえば戦前回帰の改悪である。

「非正規労働者の権利実現全国会議」（代表・脇田滋龍谷大学教授）が行った「派遣法改正案」に関する緊急アンケートに対して、二〇一五年八月六日現在、七〇〇人近い派遣労働者から回答が寄せられている。一、二紹介すると、四〇代の設計の業務で働く女性は、「どんなに優秀な人材でも派遣の身分である以上は、私達は一番に切られる運命にあるのです。一度派遣の道に入ってしまうと将棋の駒の身分からは逃げられないのだと感じています」と言う。また、五〇代の翻訳・通訳の業務に従事する女性は、「派遣制度は国が導入した身分制度。派遣スタッフは搾取される被差別階級。そして、この派遣スタッフへの差別的待遇には、国がお墨付きを与えているのです」と述べている。ここには専門業務で働く中高年女性の、今回の派遣法改定の動きに対する異議申し立てがある。

第3章　パートは差別された雇用の代名詞

パートタイム労働者の思いを聞く

読売新聞社のニュースサイト「YOMIURI ONLINE」に「発言小町」という欄がある。そこに二〇一三年一〇月に交わされた「パートという働き方と地位」についての討論が載っている。パートで働く女性が自らの働き方や雇用身分についてどう考えているかを知るための参考までに紹介しておこう(改行や字句を一部修正した)。

発端は「パートタイムで働いている子持ち主婦」のハンドルネーム〝なすび〟さんの疑問である。彼女は勤め先で社員同士がパートについて「時給を上げるんじゃなくて一か月に何回かお礼を言っておいたらよいじゃないですか」と話していたのを聞いて、情けなくなった。パートだってきちんと働いている。なのに……。「実はパートってこんな風に思われてたんだと、一〇円二〇円上げてほしくて言ってるわけではありません。その言い方は無いのではと思いました。これって普通のことなのでしょうか??」

これに対して正社員だった〝元後輩〟さん。

どの正社員もそう思っているとは言いません。私が正社員の時は考えもしませんでした。

でも今どきの会社は社員ですら安くこき使われる時代、パートは言わずもがな。所詮パートなのよ～という部分は大切にしないと、無駄にカリカリしたりイライラしたり、働くことがつらくなると思います。

それが現実と言う〝わんわん〟さん。

悲しいけれど、それが現実だと思います。パートは会社にとって便利に扱われてしまう対象です。パートが辞めても会社の存続問題にはならないので、不満があるなら辞めていただいて結構というスタンスでしょうね。一人辞めても、すぐに次のパートさんが見つかりますから。

子どもの学費のために働き始めた〝陽電子〟さん。

長い専業主婦時代を経て、子どもの学費のため、たいがいの事は我慢しようと覚悟を決めて働き始めました。正規雇用者との格差は感じますが、お給料に我慢料も含まれていると思うと、なんてことはありません。勤務も長くなると、任される仕事も増え、やりがいを感じております。専業主婦では体験できなかったことも多々あり、格差の辛さより働く喜びが勝っていると感じております。ただ、地方在住ですので、近隣では「年収の良い夫と結婚して専業主婦」が正しい女性の生き方のような雰囲気で辛いです。パート勤務しているというとかなりばかにされます。……パートとはこれほど低い地位にあるのかと思い知らされます。

友人がパートで復職した〝mama〟さん。

友達で大手総合商社で働いていた方がいるのですが、長く専業主婦をして最近パートで復職したら、同期は年収一五〇〇万、自分は時給計算で五分の一以下(それでも主婦的には高収入だと思いますが)。働いている内容がほぼ同じで結構つらいと言っていたのを思い出しました。仕事はできる人なのでいろいろ難しい仕事を頼まれるみたいですが、仕方がないですね。日本の雇用形態ってなんだかなあと思います。正社員を続けていれば仕事できなくても高収入ですからね。

きつい仕事に堪えられず辞めたという〝ととろ〟さん。

私も数年前初めてパートという立場になりました。新店舗でしたので一斉にスタートでしたから先輩もなにもないのですが、年下の社員にも敬語を使わざるを得ない雰囲気でした。指図も半端ではありませんでした。掃除ひとつにしても葉っぱ一枚残っていたら怒られました(ちなみに外の道路ですので、風が吹けばまた落ちてきます)。汚い仕事も優先的にまわってきました。一年頑張りましたが辞めてしまいました。夫がやめてもいいと言ってくれたので助かりましたが、そのまま続けていたら病気になっていたでしょう。

最近では、パートタイム労働者は、雇用調整の容易な低賃金労働者であるにもかかわらず、いやそうだからこそ、基幹労働力の有力な部隊として以前にもましてハードワークを強いられるようになってきた。年齢的にも六〇代を含む中高年女性のパート従事者が増えてきた。労働者が過労とストレスでうつ病になり休職や退職を余儀なくされるケースは、正社員だけでなく、パートのあいだにも拡がっている。

パートはどのように増えてきたか

パートタイム労働者は、統計区分では、一日または一週間の所定労働時間が一般の労働者より短い労働者(ふつう週三五時間未満の者)を指す場合と、事業所や勤め先で「パート」と呼称される労働者を指す場合がある。前者の「時間パート」には、勤め先の呼称区分でいうアルバイト、派遣社員、契約社員、嘱託、その他の非正規労働者のうちの短時間労働者も含まれる。後者の「呼称パート」には、序章で触れたいわゆるフルタイムパートも含まれる。他方、短時間の非正規労働者であっても、勤め先で「アルバイト」「派遣社員」「契約社員」「嘱託」として働いている人は含まれない。

時間パートであれ、呼称パートであれ、短時間であれ、長時間であれ、日本のパートタイム労働者は、総じて低時給で有期雇用である。そのうえ昇給も昇進も諸手当も賞与も福利厚生制度もほとんどない。

序章で述べたように、戦前の日本では職員と工員のあいだに歴然とした雇用身分上の差別があった。また、女性は、工場で働く「女工」だけでなく、オフィスで働く「女子事務員」も、雇用身分上は会社の正規の構成員とは見なされていなかった。第二次世界大戦後の日本社会の民主化の過程で職工差別はなくなった。しかし、男女差別は、雇用形態格差、賃金格差、労働時間格差、その他の格差のかたちをとって残り続けた。その集約的表現がいまなお増え続ける女性パートである。

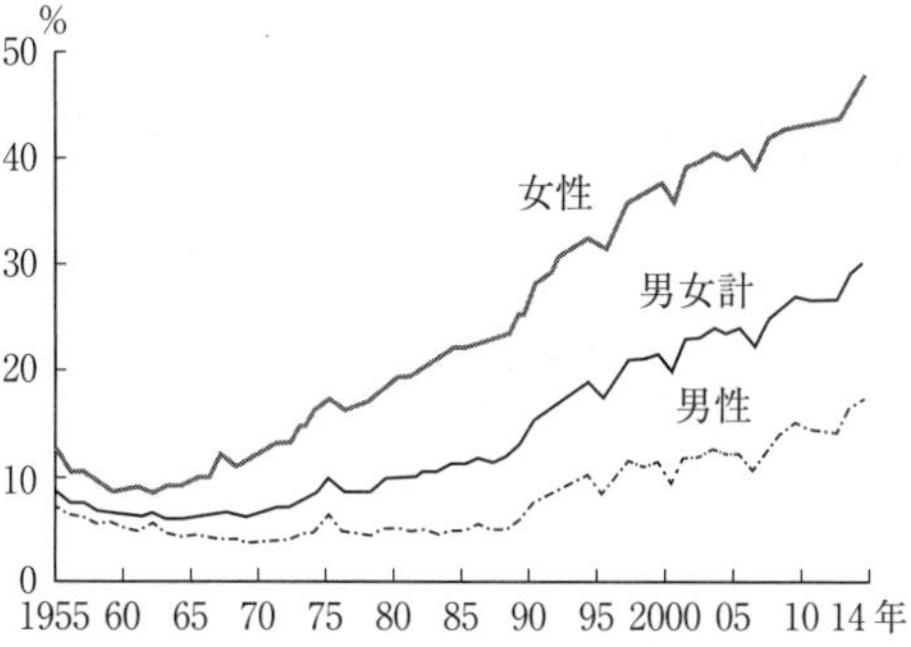

（注）パートタイム労働者は週35時間未満の短時間労働者.
（出所）総務省「労働力調査」時系列データ.

図3-1　パートタイム労働者の増加傾向（1955〜2014年）

パートタイム労働者がこの六〇年のあいだにどのように増えてきたかを見るために、図3－1を示した。

上段のカーブは、女性労働者に占めるパート比率の推移を表している。見てのとおり、女性のパート比率は、一九五〇年代末から六〇年代半ばまではやや下がりぎみに九%前後で横ばい状態が続いたが、経済成長に牽引されて六〇年代後半から一〇%を超えた。そして、七四年には一五%を超え、八二年には二〇%台になった。さらに、九〇年代初め以降、長期不況期に入ってかえって増加の勢いが強まり、九二年には三〇%、二〇〇三年には四〇%を超え、いまでは五〇%に近づいている。

下段のカーブは男性のパートタイム労働者比率を示している。男性ではパート比率は、一九五〇年代半ばから七〇年代初めまでの高度成長の過程では緩やかに低下した(最低は一九六四年の三・九%)。七三年秋に第一次オイルショックが起き、日本経済が戦後最初のマイナス成長に陥った七四〜七五年に一時上昇したが、その後いったん低下して八〇年代末まで六〜七%で横ばいに推移し、九四年に初めて一〇%を超えた。その後は振幅をともないつつも増加傾向をたどっている。従来はほとんどが女性であったスーパーやコンビニのレジ係でも、いまでは男性の店員が増えている。それでも男性のパート比率は二〇一四年現在、なお一七・五%で、四七・五%という女性のパート比率の四割弱にとどまっている。

中段の男女計のカーブは、一九七〇年代までは一〇%を下まわっていたが(七五年は九・九%)、八〇年以降一〇%を超え九〇年代後半に二〇%台に上昇し、いまでは全労働者の三割は時間区分から見たパートタイム労働者であることを示している。

ついでに図3-2に、呼称区分にしたがって、男女計で見たパートおよびアルバイトの比率の増加傾向を示した。一九八五年が起点になっているのは利用可能な時系列データの制約による。以下、雇用区分で見ると、一九八〇半ばにはパート・アルバイトを二大部隊とする非正規労働者は、全労働者の一五～一六%であったが、いまでは四〇%に近づいている。ここには性別で見たパート比率の推移は示していないが、近年ではパートの九割、アルバイトの五割は女性である。五年ごとに実施される「就業構造基本調査」によると、二〇一二年現在の女性のパート・アルバイトは一〇七五万人(パート八五五万人、アルバイト二二〇万人)を数える。これは女性雇用者全体の約四割を占める。

もういちど時間区分による定義にもどって、「労働力調査」でパートタイム労働者の増加の推移を実数で確認しておけば、一九五五年から二〇一四年までに、男女計の非農林業雇用者(休業者を除く)は一五五六万人から三・五倍の五三八三万人へ、そのうちパートタイム労働者は、一三三万人から一二倍の一五九一万人へ増えた。このようなパート総数の著しい増加を牽引したのは雇用の女性パート化である。そのことは、この間に女性

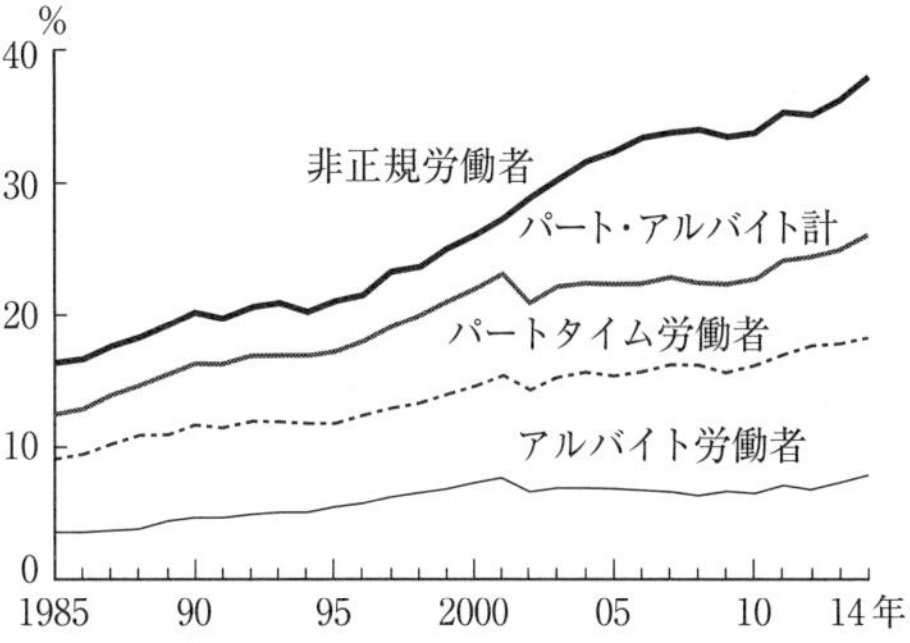

(注) 非正規労働者はパート・アルバイトのほかに,契約社員,嘱託,派遣などを含む.
(出所) 図3-1に同じ.

図3-2 呼称別パート・アルバイト比率の推移(1955～2014年)

表 3-1　就業者の構成　（万人，%）

	1955 年	2014 年
就業者	4088(100.0)	6351(100.0)
雇用者	1780(43.5)	5595(88.1)
自営業者	1028(25.1)	556(8.8)
家族従業者	1284(31.4)	168(2.6)

（出所）総務省「労働力調査」長期時系列データ．

パートの総数が五四万人から一〇六三万人に、二〇倍近く増えていることからも明らかである。

雇用者が飛躍的に増加したからといって、必ずしもその勢いで就業者が増加したわけではない。表3－1を参照してほしい。一九五五年から二〇一四年までをとると、農林業雇用者を含む雇用者総数はおよそ一八〇〇万人から五六〇〇万人へ三倍に増えている。しかし、雇用者を含む就業者総数はおよそ四一〇〇万人から六四〇〇万人へ一・六倍に増えたにとどまる。五五年時点では総就業者の五割強は非雇用者（自営業者と家族従業者）であった。ところがいまでは非雇用者は全就業者の一割程度にまで減少している。ついでに言えば、この表には示していないが、同じ期間に、農林業就業者は全就業者の四割（約一七〇〇万人）からなんと三％（約二〇〇万人）に減少している。

就業者の内訳から見た日本の社会経済構造は、戦時中の軍事産業動員を別とすれば、戦後一〇年ほどは戦前と似通っていた。しかし、一九五〇年代半ばから七〇年代半ばの高度経済成長を通じて日本の社会経済構造は劇的に変わった。農林業就業者が就業者の二割を切り、雇用者が就業者の六割を超えるのは六〇年代後半であるが、そのころから都市的生活様式の普及と核家族化(家族規模の縮小と世帯数の増加)を背景に、女性のパートタイム雇用が増え始めたのである。離農と離村による農村地域から大都市圏への労働力人口の移動が緩慢になるなかで、新規の労働力の供給源としていわゆる主婦層を中心に中高年女性のパート雇用への需要が高まったともいえる。

日本のパートと世界のパート

大丸松坂屋百貨店のホームページには、「一九五四年(昭和二九年)一〇月、東京駅八重洲口の駅ビルに〔大丸〕東京店を開店しました。……同時に日本初のパートタイマー制を導入しました」とある。同志社大学連合寄付講座での大丸グループ労連会長の堀井学の講義要録(二〇〇七年六月一五日)によると、大丸東京店のパートタイマー募集時のチラシには「奥様、お嬢様の三時間の百貨店勤め」とコピーが書いてあったという。これが日本の百貨店における「女子パートタイマー」の最初期の募集例であるとしても、他の産業や企業を含めてこれ以前にパートタイム労働者の導入例がなかったというわけではない。また、百貨店などの小売・流通がパートの主要な就業部門であったわけでもない。

図3―3は一九七〇年版『労働白書』に出ている図に数字を入れたものである。一九六八年時点において、「パートタイマー」を採用している事業所は全体の二三%にのぼっているが、そのうちの六・五%は五五年以前にパート採用を開始しており、五七・四%は六四年から六七年に採用を開始している。

これに関連して、図3―4を見ると、一九七〇年時点で、女性パートタイム労働者の八割は技能・生産工程・単純作業従事者であることがわかる。百貨店やスーパーなどで働く姿は人び

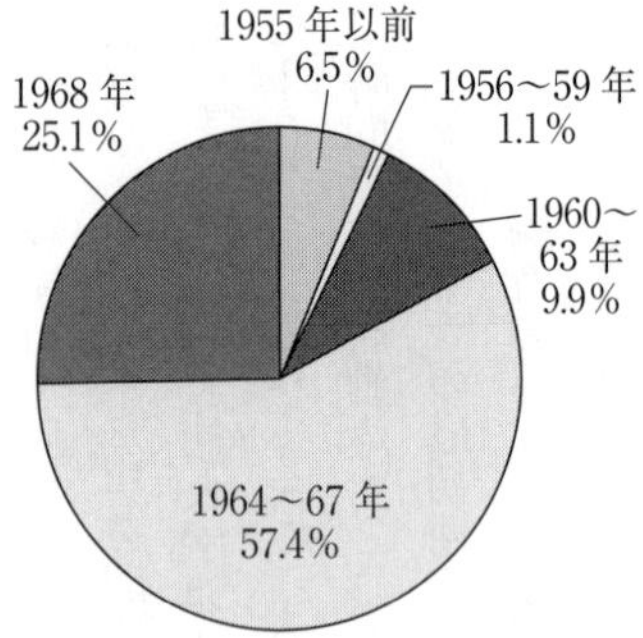

(注) 導入企業の合計を100とした割合.
(出所) 労働省, 1970年版『労働白書』, 原資料は労働省「雇用管理調査」(1968年).

図3-3 女性パートタイマーの導入状況

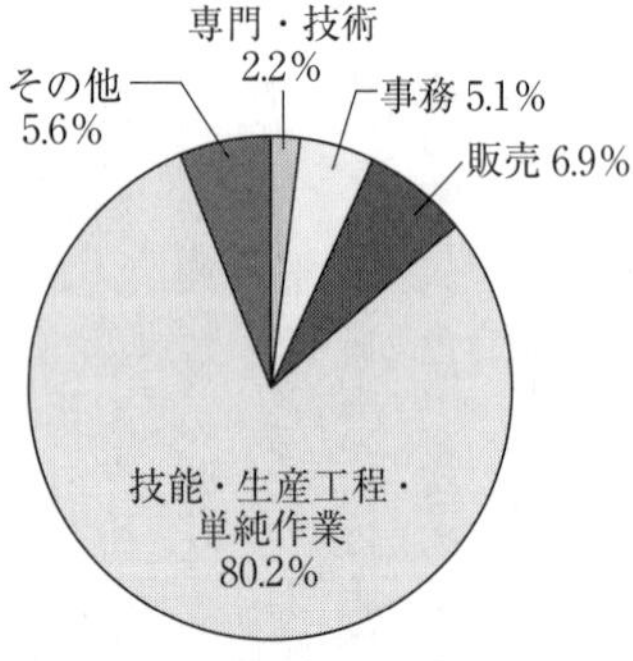

(注) 女性パート就業者の合計を100とした割合.
(出所) 労働省, 1970年版『労働白書』, 原資料は労働省「女子パートタイマー雇用調査」(1970年).

図3-4 女性パートタイマーの就業職種

との目に入りやすい。そのためにパートといえば小売・流通をイメージしがちであるが、六〇年代末まではパートの大半は工場の生産工程その他の現場作業に従事していたことを確認しておく必要がある。最近でも、女性パートの三割は生産工程および運搬・清掃・包装などに従事している。

いまでは時間パートの七割、呼称パートの九割は女性であるが、戦後しばらくは、臨時雇いや日雇いなどで働く短時間労働者は、実数では女性より男性のほうが多かった。女性のパートタイム労働者が増え始めたのは一九六〇年代後半からである。このことは六六年以降、女性が時間パートの五〇％以上を占めるようになることと符合している。

一九六〇年代以降、女性パートの増加にともない、中高年女性の労働力率の上昇がいわれるようになってきた。七〇年版『労働白書』は、その背景を考察して、（1）労働力不足にともなって主婦労働への需要が増大した、（2）家事の合理化や出生率の低下にともなう育児期間の短縮などによって主婦の余暇時間が拡大し、就労が容易になった、（3）勤労者世帯の主婦の家事と仕事との調和をある程度可能にするため、いわゆるパートタイム制を採用する企業が急速に増加した、という三つの要因を挙げている。また、主婦パートの通勤時間は一五分までが過半数を占め、通勤可能圏内に適当な仕事が少ないために、パートの採用難を訴える企業がありながら、需給の不一致が生じていることも指摘している。しかし、一般労働者と比べた場合のパートタイム労働者の低賃金や労働条件の劣悪さについてはなにも触れていない。

『労働白書』が本格的に女性パートタイム労働者の増加の実態と背景を考察したのは一九八〇年版である。その第四章「女子労働者増加の実態と背景」は、女性パートの増加要因とともに賃金や労働時間などの労働条件を考察していて参考になる。そのなかに出ている雇用形態による賃金格差の国際比較を見ると、イギリスではパートタイム労働者の賃金は一般労働者の賃金に対して九二%である。オーストラリアでは賃金は一般労働者よりパートタイム労働者のほうがむしろやや高くなっている。しかし、日本では、女性パートタイム労働者の賃金は七六年には女性一般労働者の八二%であったが、パート比率が一段と高まった八〇年には七六%になって格差が拡大した。

意外に思われるかもしれないが、さきの『労働白書』が指摘しているように、国際比較から見た日本のパートタイム労働者の就業実態の特徴の一つは、長時間労働者の割合が高く、平均労働時間が長いことである。「賃金構造基本統計調査」によると、一九八〇年六月の女性パートタイム労働者の一日の実労働時間は六時間、一か月の実労働日数は二三日で、週平均実労働時間は三二時間程度である。これは週五〇時間を超える日本の男性正社員の労働時間に比べると短いことはいうまでもない。しかし、諸外国の女性パートタイム労働者の週平均労働時間を見ると、アメリカ一九・四時間、西ドイツ二一・六時間、イギリス一八・五時間、オーストラリア一六・一時間など、日本の三二時間に比較して週当たりで一一〜一六時間も短い。これらの国々では、パートタイム労働者は文字どおり短時間労働者であるが、女性にかぎれば日本ではパートタイム労働者の多くは諸外国のフルタイム労働者並みに働いているともいえる。

一九八〇年版『労働白書』は、女性雇用者、とりわけパートタイム労働者が小規模事業所に比較的多いことや、勤続期間が短く、比較的労働が単純な職業に就いている割合が高いことに注意を向けている。また女性の家事・育児負担が大きいことや保育施設が不備であることも指摘している。しかし、女性が結婚後はフルタイム労働者として働くことが困難な事情には踏み込んでおらず、女性パートタイム労働者が抱える困難の根源ともいえる男性の異常な長時間労働や、その背景にある「男は仕事・女は家庭」+「男は残業・女はパート」の日本的性別分業や、男性が働いて妻子を養う「男性片稼ぎモデル」を前提とした税制や社会保障制度の問題にも触れていない。

日本的性別分業とM字型雇用カーブ

女性のパートタイム就労は家事労働に深くかかわっている。家事労働は炊事、洗濯、掃除などの狭義の家事だけでなく、育児、介護、買い物、家計管理、家屋の保守、草木やペットの世話、衣服や寝具の収納と出し入れ、近所付き合い、地域の共同業務など多岐にわたる。日本では、男性のフルタイム労働者はこれらの家事労働をほとんどしない。その理由はあまりにも長時間働いていることにある。二〇一一年の「社会生活基本調査」で配偶者のいる有業者の平日の平均家事時間（家事、介護・看護、育児、買い物の合計時間）を見れば、男性は二三分、女性は四時間である。このように配偶者のいる女性は、家事労働をほとんど一手に引き受けているために、フルタイム労働者として働き続けることはむずかしい。

男性の正社員が能動的な生活時間のほとんどすべてを会社に捧げるような働き方を求められているもとでは、女性の多くは結婚・出産後は、一時的にせよいわゆる専業主婦として家事に専念するか、パートタイム労働者として家事と勤めの二つのシフトを掛け持ちするしかない。正社員として働く場合も、男性の正社員並みに働くことは容易でない。企業はこうした性別分業の存在を前提に、女性を低賃金の使い捨て労働力として働かせるという雇用管理戦略を選択してきたのである。企業が女性パートタイム労働者を採用するのは、昔も今も、労働力の確保、労働コストの軽減、業務量の繁閑への対応、雇用の需給調整などのためであって、女性に雇用や社会参加の場を提供するためではない。

そうした雇用戦略は、女性の年齢別労働力率を、結婚・出産期にいったん低下し、育児がある程度落ち着いた時期に再び上昇するというM字型カーブにしている。その点は女性のカーブが男性に近い台形を描く欧米諸国とは異なる。

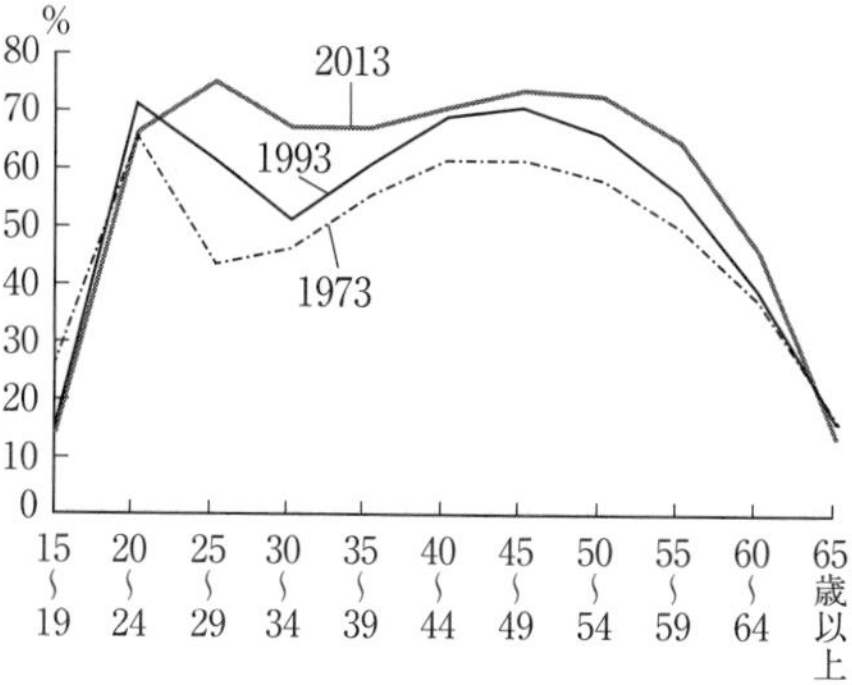

（出所）総務省「労働力調査」時系列データより作成.

図3-5　女性の年齢別労働力率の変化

図3－5は、「労働力調査」の時系列データを用いて、一九七三年、九三年、二〇一三年の女性の年齢別労働力率を比較したものである。七三年のカーブは二五～二九歳で大きく落ち込む典型的なM字型を描いていた。九三年のカーブも、ボトムが三〇～三四歳に移っているものの、二〇～二四歳と四五～四九歳を左右のピークとするM字型カーブを描いている。ところが、一三年のカーブを見ると、左右のピークと中間のボトムがともに押し上がって、M字型のくぼみが浅くなり、台形に近づいている。しか

し、このことはM字型雇用カーブの解消を意味しない。

その証拠に、図3-6を見ると、正規労働者の年齢別労働力率は、結婚・出産の初期と重なる二五～二九歳をピークに大きく下降している。他方、非正規労働者の労働力率は四五～四九歳まで上昇している。このことは結婚・出産期にいったん離職した正規労働者の多くが、しばらくすると非正規労働者に移行することを示している。そのことを二〇一四年版『男女共同参画白書』は「女性の就業形態を見ると、男性に比べて若年層でも非正規雇用が多いことに加え、……正規雇用として働き始めた女性も、結婚、出産等とライフイベントを重ねるにつれて、徐々に、非正規雇用、あるいは一時的な離職といった選択を行っていると考えられる」と解説している。

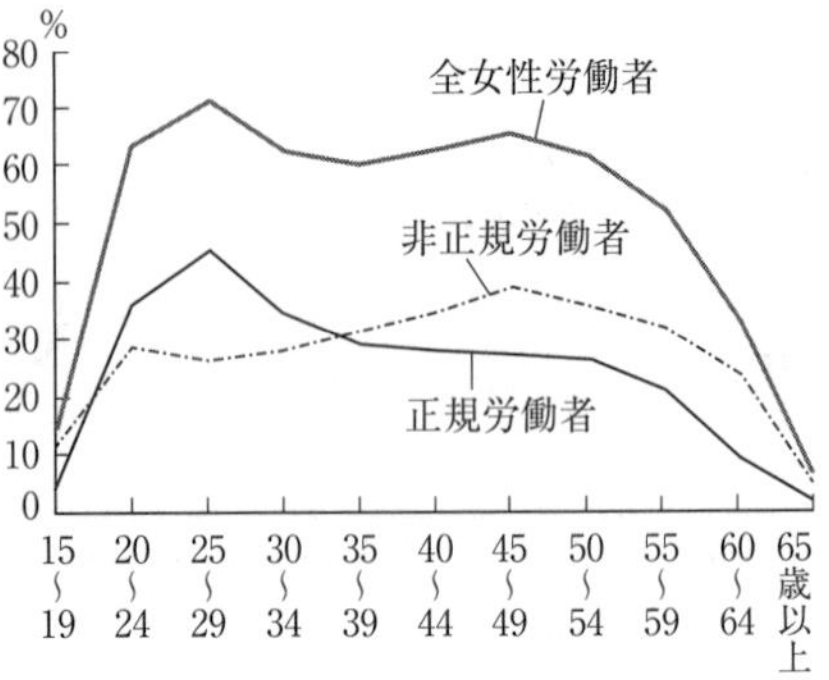

（出所）総務省「労働力調査（詳細集計）」2012年平均結果.

図3-6　女性の雇用形態別・年齢別労働力率の内訳

結婚までは正規雇用、結婚後は非正規雇用であっても、M字型の両方の山とあいだの谷がともにせり上がってきたことは、夫婦共働きが増えてきたことにほかならない。図3－7から明らかなように、一九八〇年には共働き世帯が三五％強、男性片働き世帯が六五％弱を占めていた。しかし、九二年を境に共働き世帯が多数になり、最近では共働きがごく普通になっている。

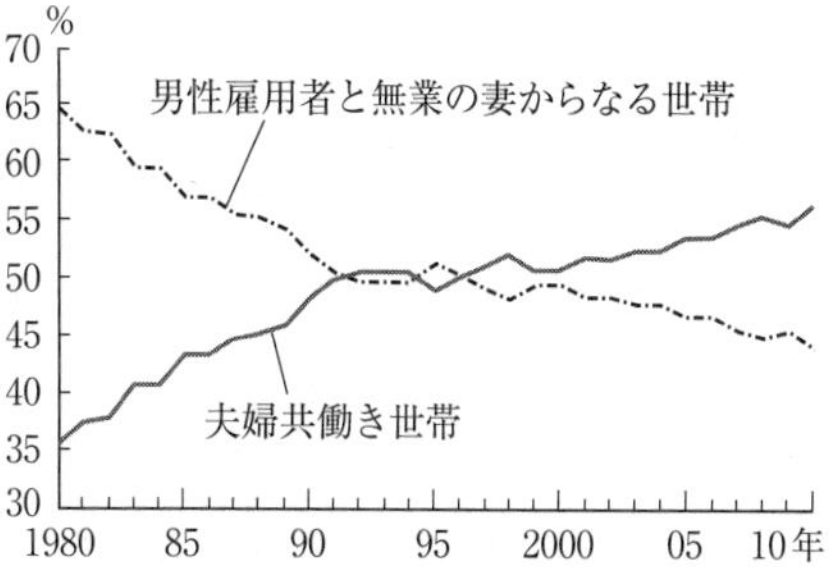

（注）雇用者は男女とも非農林業雇用者.
（出所）内閣府，2012年版『男女共同参画白書』.

図3-7　夫婦共働き世帯比率の推移

パートはハッピーな働き方か

かつては、家事を抱えた主婦が自分のライフスタイルに合わせて働くことができるのがパートだといわれていた。さきに触れた一九七〇年版『労働白書』もパートタイム就労は、勤労者世帯の主婦の家事と仕事との調和を可能にする働き方であって、パートが増加したのは、家事の合理化や出生率の低下にともなって主婦の「余暇時間」が拡大したからだと述べていた。

洗濯機や掃除機が家事の合理化を可能にし、家事労働を短縮したという見方がある。しかし、現代の家族生活においては、清潔基準が劇的に高まり、洗濯や掃除の頻度がかってとは比較にならないほど高まっている(ジュリエット・B・ショアー『働きすぎのアメリカ人――予期せぬ余暇の減少』)。そのことを考えると家事の合理化によって主婦の余暇時間が拡大したとは必ずしもいえない。むしろ、五〇年代後半における三種の神器(洗濯機、掃除機、冷蔵庫)や白黒テレビの普及や、さらには六〇年代における三C(カー、カラーテレビ、クーラー)の普及は、一般の労働者世帯の消費欲求を高めずにはおかなかった。経済の高度成長にともなう賃金の上昇もあったが、家計はそうした耐久消費財を購入するために、主たる家計支持者の月々の所定内賃金だけでは足りず、追加所得を必要とした。そうした必要に迫られたのが、男性では残業増であり、女性ではパート就労であった。次第に高まる教育費や住宅費も無関係ではないが、生活様式の都市化と消費社会化にともなう消費欲求の高まりも、パートタイム労働者の増加をプッシュした要因として無視できない。

パートは夫の所得で暮らしている、生活にさして困らない主婦のハッピーな働き方だという考え方もある。その一例は、前章でも取り上げた経済企画庁総合計画局編『二一世紀のサラリーマン社会――激動する日本の労働市場』の次の一文にも見ることができる。

現在の低賃金層の主力をなす女子パートタイマー、高齢者、定職につかない若年層の三つのグループは、それぞれ夫の所得、年金、親の所得という核になる所得を持っており、大部分は働かなくとも生活に困らないが、働く時間があり、少しでも生活が豊かになればということから就業していると考えられている。

また、二〇〇三年の内閣府『国民生活白書』はいう。

パート・アルバイトという労働市場の存在が、失業した場合に雇用を守るセーフティネット的な役割を担っている面もある。また、家庭の事情や個人の価値観など、自らのライフスタイルにあわせて働ける多様な働き方を実現していくためにも、パート・アルバイトの魅力は大きい。

「風俗」が貧困な社会保障に代わる「セーフティネット」になっているという話は聞くが、不安定雇用のパートやアルバイトが「雇用を守るセーフティネット」の役割を担っているというのはどういうことだろう。どんな理由にせよ、パート・アルバイトがそれほど魅力的な働き方であるとは思えない。こういう見方においては、女性パートタイム労働者の大半は自ら好んでパートという雇用形態を選んでいるかのようである。しかし、前出の一九八〇年版『労働白書』に出ている労働組合調査によると、八〇年時点で電機産業(電機労連、一九七七年調査)のパートの五九・五%、チェーンストア業界(チェーン労協、一九七九年調査)の三五・八%は、一般社員(正社員)に「変わりたい」と答えていた。

シングルマザーの貧困

さきのような見方で無視されているのは、女性パートタイム労働者の貧困である。通常のフルタイム労働者においては、賃金は少なくとも日々の生活が維持できる額であることが社会慣習的な前提になっている。ところがパートタイム労働においては賃金と生活費の関係が切り離されて、低い時間賃金(時給)が独り歩きをし、時給×時間で決まる賃金であるだけに、時給が低いほど、また時間が短いほど、日々の生活維持は困難になる。たとえば、八時間労働で一日一万二〇〇〇円あれば単身世帯でなんとか最低限度の健康で文化的な暮らしができるとすれば、生活できる時給(アメリカでいうリビングウェイジ)は一五〇〇円である。それがそのままパートの時給になったとしても、労働時間が一日五時間のパートであれば、日賃金は七五〇〇円にとどまる。これでも遣り繰りはむずかしいが、パートの時給は九〇〇円が相場とすれば、一日五時間パートの日賃金は四五〇〇円になる。これでは一人では生きていくことさえままならない。

ましてやひとり親の母子世帯、すなわちシングルマザーはこれでは生きていけない。大都市圏で親子が生活できるには、子どもが一人の場合でも年収は手取りで最低二五〇万円なければならないとすれば、日給四五〇〇円のパートをたとえダブルワークで週五日、年間五〇週働いても、税込みで二二五万円にしかならず、最低必要額にとどかない。深夜の時間帯を選べば時給は割増しがつく分だけ高くなるが、子どもがいるためにそれも容易ではない。いずれにせよ親の貧困で犠牲になるのは子どもたちである。

正社員かフルタイムの仕事で長時間の残業をする選択肢もあるが、実際にはそういう仕事はなかなか見つからないうえに、やはり小さい子どもをおいて長時間働くことは困難である。児童扶養手当や生活保護の制度を利用することもできるが、ひとり親世帯の場合、母親が児童扶養手当を受給している割合は七三・二％（父親は四五・九％）である一方、生活保護を受給している割合は一四・四％（父親は八％）にとどまっている（社会保障審議会児童部会資料「ひとり親家庭の現状と支援施策の課題について」二〇一三年五月二九日）。カッコ内の「父親」はシングルファザーであるが、彼らはシングルマザーに比べるとまだ数は少ないとはいえ、子育てゆえの働き方の激変、出世の断念、収入の減少、周囲の無理解、社会的支援の遅れなどで苦労が絶えない。

アメリカでもとりわけワーキングプアが増えているのはシングルマザーである。婚外子の割合が高く、離婚率も高いアメリカでは、フルタイム労働者のなかにもシングルマザーが多い。国勢調査局の二〇一四年の統計では、一八歳未満の子どもの四人に一人、約一七〇〇万人がシングルマザーによって育てられている。また、連邦政府の定める貧困ラインを基準にすれば、一三年現在、シングルマザー世帯員の四五・九%が貧困状態にある。共働き世帯員は六・八%、一般世帯員は一二・四%なので、シングルマザー世帯員の貧困率がいかに高いかがわかる。

日本はアメリカと比べて婚外子の割合が極端に低く、離婚率も低い国である。それでも最近はシングルマザーが一〇〇万人をはるかに超え、母親と子どもの貧困化が深刻な問題になっている。二〇一三年の厚生労働省「国民生活基礎調査」は、「相対的貧困率」という概念を用いて、一二年現在、「子どもがいる現役世帯」の世帯員の一五・一%が貧困線以下(二〇一二年は一二二万円以下)の所得しかないという。内訳を見ると、「大人が二人以上」の世帯員では一二・四%、シングルマザーを含む「大人が一人」の世帯員では五四・六%が貧困である。この比率はOECD(経済協力開発機構)加盟三四か国中でもっとも高い。同じ調査によれば、一世帯当たりの年間稼働所得は全世帯平均が三九七万円、母子世帯が一七九万円であった。国税庁の「民間給与実態統計調査」によれば、一二年の非正規労働者の年間給与は一六八万円であったことと無関係ではない。

アメリカでも日本でも働くシングルマザーは、子どもの養育責任を背負い、多くは低賃金の時給労働者として、なかにはダブルワーク、トリプルワークをしてまで必死に働いているのに、その所得は共働き世帯を標準とする消費水準にはるかにとどかず、必需品さえ満足に買えない貧困な生活を余儀なくされている。高学歴のシングルマザーのなかには、数万ドルあるいは数百万円の奨学金(有利子の学生ローン)の返済に追われている人も少なくない。

重なり合う性別格差と雇用形態別格差

時給労働者である女性パートタイム労働者の低賃金は、一般労働者の性別賃金格差を抜きには語れない。一九五〇年代後半から六〇年代にかけてのパートタイム制の導入期には、男女の一般労働者(フルタイム労働者)の内部に現在以上に大きな賃金格差が存在した。参考までに、表3－2に五九年版『労働白書』の付属統計表から作成した五八年の製造業従事者の性別賃金格差を示した。男性の月額平均賃金を一〇〇としたときの女性の月額平均賃金は、製造業全体では四五、製造業労務者では四四、製造業職員では三九であった。同じ表の平均月間労働時間(残業を除く)で換算した時給格差は、それぞれ四七、四六、四〇であった。これには男女の平

表 3-2　製造業における性別賃金格差(1958 年)

		月額平均賃金(円，%)	勤続年数	平均月間労働時間	平均時給(円，%)
産業計	男性	19,649(100)	7.4	209	94(100)
	女性	8,803(45)	3.9	202	44(47)
製造業労務者	男性	16,954(100)	6.1	217	78(100)
	女性	7,450(44)	3.7	207	36(46)
製造業職　員	男性	26,043(100)	8.6	206	126(100)
	女性	10,096(39)	4.1	200	50(40)

(注) 平均賃金は「平均月間決まって支給する給与額」，平均労働時間は残業を除く月間労働時間.
(出所) 労働省，1959 年版『労働白書』付属統計表第 39 表.

均勤続年数(および平均年齢)の違いが反映しているが、それもまた雇用における性別格差の表れであることに留意する必要がある。

一足飛びに現在にもどって、二〇一四年の厚生労働省「賃金構造基本統計調査」から、性別・雇用形態別の時給格差を確認するために、毎月決まって支給される給与だけでなく、年間賞与やその他の特別給与も含めて時給に換算した結果を表3－3に示した。これによれば男性一般労働者を一〇〇としたときの時給格差は、女性一般労働者七〇、男性パートタイム労働者四六、女性パートタイム労働者四一となる。

この場合、女性パートタイム労働者の時給(一〇三四円)は女性一般労働者の時給(一七四六円)の五九％に当たる。しかし、これだけを見て、女性パートタイム労働者の時給は、男性一般労働者の時給(二五〇四円)

の四一％であることを見ないなら、女性パートタイム労働者の賃金の差別的性格について的確に認識したことにはならない。

それを言うだけではなお不十分である。「毎月勤労統計調査」によれば二〇一四年の一般労働者の月間支払労働時間は男性が一六一時間（一〇〇）、女性が一二五時間（七八）、パートタイム労働者が九〇時間（五六）であった。労働時間の格差を考慮に入れて性別・雇用形態別賃金の格差を見ると、男性一般労働者の賃金を一〇〇としたときの女性パートタイム労働者の賃金は二三・五（時給格差×時間格差＝0.41×0.56＝0.23）になる。これは一四年の「賃金構造基本統計調査」における、男性正規労働者の年収四九二万七二〇〇円を一〇〇としたとき、女性パートタイム労働者の年収一一二万八七七二円は二三であることとほぼ一致する。

高島道枝は、パートタイム労働の日英比較をした論文で、イギリスではパートタイム労働者は本来の短時間労働者を意味するが、日本のパートタイム労働者は産業部門によっては二割から三割がフルタイム並みに働いていることに注目して、「日本では、パート労働

表 3-3　性別・雇用形態別賃金格差

	時給（円）	格差（％）
男性一般労働者	2,504	100
女性一般労働者	1,746	70
男性パートタイム労働者	1,154	46
女性パートタイム労働者	1,034	41

（注）年間賞与やその他の特別給与を含む．
（出所）厚生労働省「賃金構造基本統計調査」2014 年．

者とは、フルタイムに対比した、時間の長短にかかわる概念としてではなく、むしろ、正規常用労働者（本工）に対比した臨時労働者のような、差別的処遇、劣った身分を示す概念として用いられてきている」（「現代パート労働の日英比較（上）」）と指摘している。

日本のパートタイム労働者が差別された劣った雇用身分であることは、別の観点からもいいうる。総じて賃金格差には、性別格差、雇用形態別格差、および労働時間別格差のほかに、規模別、支払能力別、地域別、産業別、職種別、学歴別、年齢別、勤続年数別などの多様な格差がある。しかし、パートタイム労働者、とりわけ女性パートの賃金の著しい低さは、多様な格差のなかでも、性別・雇用形態別・労働時間別格差の影響が大きい。言ってみれば、これらの三重の格差が作り出した差別された雇用身分が女性パートである。女性パートは増加するにつれて次第に差別された雇用身分になってきたというより、初めからそうした雇用身分として創出されたと考えるべきであろう。

他の先進国に例を見ない日本の雇用における女性の差別的処遇や低い地位に対して何も改善がなされなかったわけではない。戦後ながらくあった結婚退職や出産退職を含む女性の若年定年制は、一九六〇年代後半から八〇年代にかけて、裁判を通じた意義申し立てによって打破されてきた。また、八五年には、「国連女性差別撤廃条約」を批准するために国内法を整備する必要から、男女雇用機会均等法が成立した(八六年施行)。

同法は、労働者の募集・採用・配置・昇進における男女差別の解消を企業の努力義務とするにとどまっていたが、九七年の改正(九九年施行)によって、雇用管理のすべての段階における女性に対する差別が禁止されるようになった。〇六年に成立した改正均等法では、男性に対する差別も禁止され、差別禁止の範囲が拡大された。九九年には、「男女共同参画社会基本法」が公布・施行され、同法にもとづいて二〇〇〇年一二月に社会のあらゆる分野の意思決定に男女が平等に参加することを目的に「男女共同参画基本計画」が策定されるにいたった。

これらによって男女平等の一定の前進があったことは否定できない。しかし、女性の多くは結婚・出産後はパートとして働くという慣行や、性別・雇用形態別賃金格差は依然として解消していない。改正パートタイム労働法が二〇一四年四月に成立し、一五年四月から施行された。しかし、正社員との差別的取り扱いが禁止されるのは、職務の内容や人材活用の仕組みが正社員と同一のパートに限られるために、大半のパートには適用されず、差別是正の実効性は乏しいと考えられる。

フルタイムの正社員であっても、今日の日本で女性が働き続けるには、男性にはない困難が待ち受けている。『日本経済新聞』の二〇一五年二月一七日夕刊は、一四年三月に発表された労働政策研究・研修機構の調査結果をもとに、「男性管理職は約八割が子どものいる既婚者。女性管理職で既婚子ども有りは約三割にとどまる。未婚者は男性が一割に満たないのに女性は四割」と伝えている。これについての「昇進昇格するには女性は男性以上の働きが求められる。そのために生活を犠牲にせざるを得ない。結婚や出産の機会を逃し、心の内に後悔を抱える女性管理職は少なくない」という関西学院大学の大内章子准教授のコメントはうなずける。

記事にあるように、二〇一三年の女性管理職比率は一一%（総務省「労働力調査」）。政府は二〇年にこの比率を三〇%に高める目標を掲げている。さきの労働政策研究・研修機構の『データブック国際労働比較二〇一五』によれば、管理職に占める女性の割合は、日本一一・二%、韓国一一・四%、アメリカ四三・四%、フランス三六・一%、スウェーデン三五・四%、フィリピン四七・一%、シンガポール三三・七%となっていて、日本は韓国と並んで際立って低い。それは日本の男性フルタイム労働者の労働時間が韓国と並んで著しく長いことに対応している。こういう国で女性が管理職として働くということは容易ならざるものがある。

第4章　正社員の誕生と消滅

正社員という雇用身分の成立

最近では、正社員も多様化して、エリア正社員、時給正社員などの「限定正社員」が増加している。これまでもあった勤務地や職務や労働時間が限定された一般職も、限定正社員の一種であるといってよい。パート・アルバイト・派遣・契約社員・嘱託などの非正規労働者だけでなく、各種の限定正社員が増えるなかで、ここ数年、「正社員の消滅」が語られるようになってきた。

揺らぐ正社員身分の今後を考えるためにも、まずもって正社員とはどんな雇用身分をいうのか、それはいつ誕生したのかが問われなければならない。

国立国会図書館のデータベースによって、論題名に「正社員」という用語を含む雑誌記事を検索すると、古い順に次のような文献が出てくる。

浜口武人「正社員でなくてもこんな権利がある」『労働運動』第一三六号、一九七七年四月

滝川誠男「パート、臨時職員の労働条件と解雇事由——正社員との差異はどこまで可能か」『労働法学研究会報』第三〇巻第一二四号、一九七九年七月六日

東京都中央労政事務所「非正社員に関する実態調査――小売業・サービス業にみる低成長下の雇用構造(1)」『総評調査月報』一九七九年一一月
東京都中央労政事務所「非正社員に関する実態調査――小売業・サービス業にみる低成長下の雇用構造(2)」『総評調査月報』一九七九年一二月
小島八重子「神奈川　正社員なみの一時金・社会保険がほしい」『労働運動』第一八三号、一九八一年三月

一九四九年から発行されている政府の年次報告に労働省『労働白書』がある。それが「正社員」という用語を初めて使用したのは一九八〇年である(久本憲夫「正社員の意味と起源」)。この年は、「女子労働者増加の実態と背景」を取り上げた章で、パートタイム労働者と対置された「一般労働者」を「正社員」と呼んでいる。そのことは、「正社員」に言及した十数か所のうち、ほとんどの箇所で「一般社員」と「正社員」を等置し、繰り返し「一般社員・正社員」と表記していることからもわかる。

これらの使用例からみて、広く「正社員」が「パートタイム労働者」または「パート社員」との対比で語られ始めたのは、一九七〇年代後半から八〇年代初めにかけてであるといえる。

このことは、この時期に、女性を主力に低時給の有期雇用で昇給や賞与や諸手当や福利厚生のほとんどないパートタイム労働者が急増して一般的な存在になったことを背景に、雇用期間の定めがなく昇給や賞与や諸手当や福利厚生のある「一般労働者」が、「正社員」と呼ばれるようになってきたことを意味する。これにともない、大半が女性であるパートタイム労働者は、戦前の「女工」や「女子事務員」がそうであったように、雇用身分上は会社の正規の構成員ではないと宣告されたといってよい。ここからいえば「正社員」は「会社の従業員のうち正規の構成員として勤務している者」である。

正確を期すために付け加えれば、「正社員」という用語がこれより早い時期に使われていなかったわけではない。熊沢誠は一九七〇年代初めの著書『労働のなかの復権——企業社会と労働組合』で「正社員」を「正社員身分」として取り上げ、労働組合は、組合員である正社員の解雇には強く反対しても、パートタイマーなどの解雇は容認してきたことを次のように述べている。

解雇に対して、労働組合は何を要求してきたのだろうか。正社員＝組合員が正社員身分を失うことのみに反対してきたのだ。……日本の労働組合は、解雇絶対反対とは正に裏腹

表 4-1　週労働時間別雇用者数の推移

（万人，％）

労働時間		1～34	35～42	43～48	49～59	60～
1975 年	総数	353 (10.0)	807 (22.8)	1318 (37.2)	686 (19.4)	380 (10.7)
	男性	154	506	893	533	323
	女性	198	301	425	153	57
1990 年	総数	722 (15.3)	1027 (21.7)	1244 (26.3)	985 (20.8)	753 (16.0)
	男性	221	527	780	753	661
	女性	501	500	464	233	91

（注）非農林業雇用者についての数字.
（出所）総務省「労働力調査」.

に、パートタイマーや季節工の首切り、下請け工の切り捨て、女子労働者の早期退職の慣行などを、男子正社員の残業制限の前にさえ容認してきたのである。

「男は残業・女はパート」

第3章で見たように、パートタイム労働者が増え始めたのは一九六〇年代後半からであるが、一九七〇年代半ば以降は、女性のパートタイム労働者の増加が強まっただけでなく、男性正社員の残業の増加もまた強まった。

私の他の本で繰り返し言ってきたことだが、表4－1に示したように、総務省「労働力調査」によって一九七五年から九〇年の労働時間別の働き方の変化を見れば、一方では週三五時間未満の短時間労働者が三五三万人から二倍の七二二万人に増加し、他方では週六〇時間以上の超長時間労働者が三八〇万人からこれまた二倍の七五三万人に増加している。図4－1、図4－2に明らかなように、性別に見ると、超長時間労働者が増えたのはほとんど男性で、短時間労働者が増えたのはほとんど女性であった。このことは、この時期にまさに「男は残業・女はパート」の日本的働き方が一般化し、労働時間の性別二極分化が進んだことを物語っている。

女性パートタイム労働者が女性労働者の一五%を超え、実数で三〇〇万人台に達したのは、

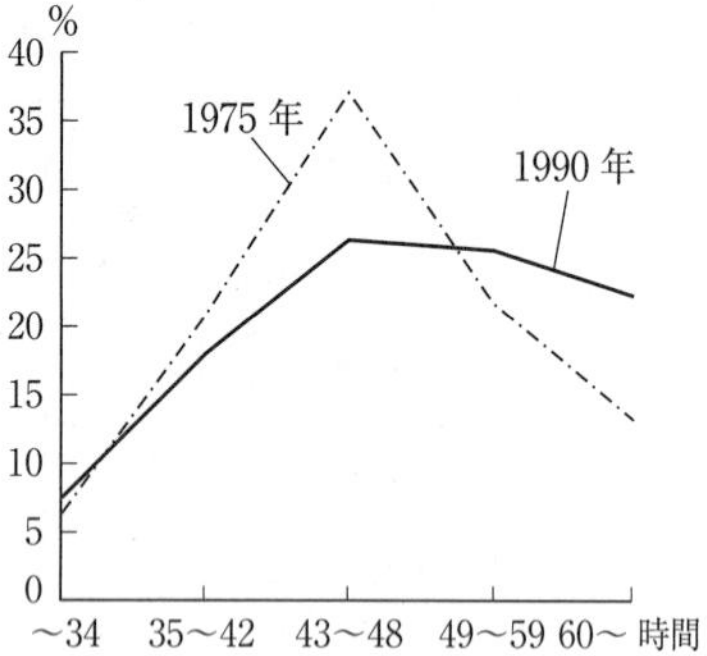

（出所）表 3-1 に同じ.

図 4-1　男性の長時間労働者の増加

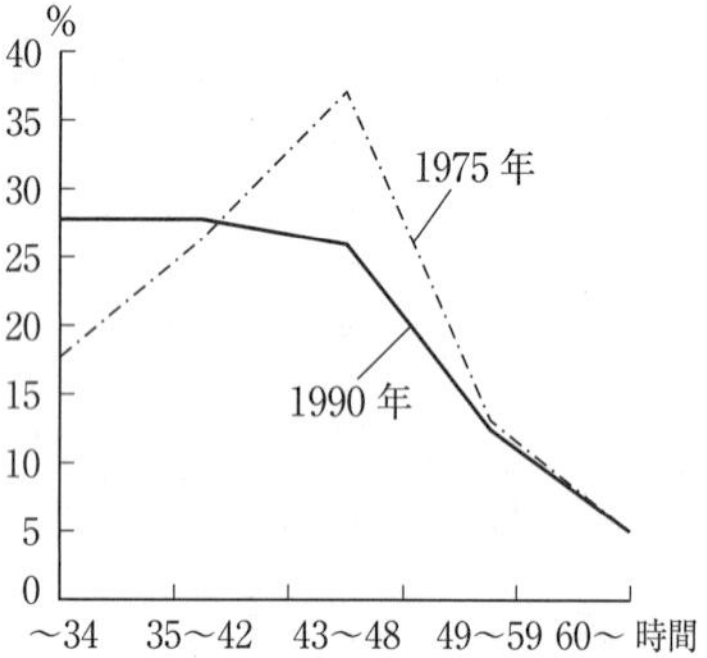

（出所）表 3-1 に同じ.

図 4-2　女性の短時間労働者の増加

第一次オイルショックの影響で日本経済が戦後最初のマイナス成長に陥った一九七四年であった。当時の日本では、高度成長下で賃金上昇があったにもかかわらず、男性労働者を含む全般的な低賃金構造が解消されないなかで、原油価格の高騰で「狂乱物価」と呼ばれたハイパーインフレ的な物価上昇があった。その結果、男性世帯主の賃金だけでは拡大する消費欲求をまかなうことが従来以上に困難になり、いわゆる主婦が雇用労働者として賃金収入を得ることによって家計の一部を支える必要に迫られた世帯が増加した。

もちろん、企業にとっても低賃金で雇用調整が容易なパートタイム労働者を雇い入れることは、「減量経営」(今でいうリストラ)を推し進めて、オイルショックによる不況から脱出するためにも願ったり叶ったりであった。こういう意味で労働力の売り手側の事情と買い手側の事情が相まって、一九八〇年代初めになると女性パートは、女性労働者の二〇%に達し、実数で四〇〇万人を超えるようになったのである。

ところで、一九七〇年代半ばのオイルショックにともなう不況から九〇年代初めのバブル崩壊までは、労働組合運動の企業内への封じ込めが進んだ時期でもあった。ストライキは七五年をピークに消滅的に減少し、総評が解散して連合が発足した八九年以降、日本はほとんどストライキがない国になった。

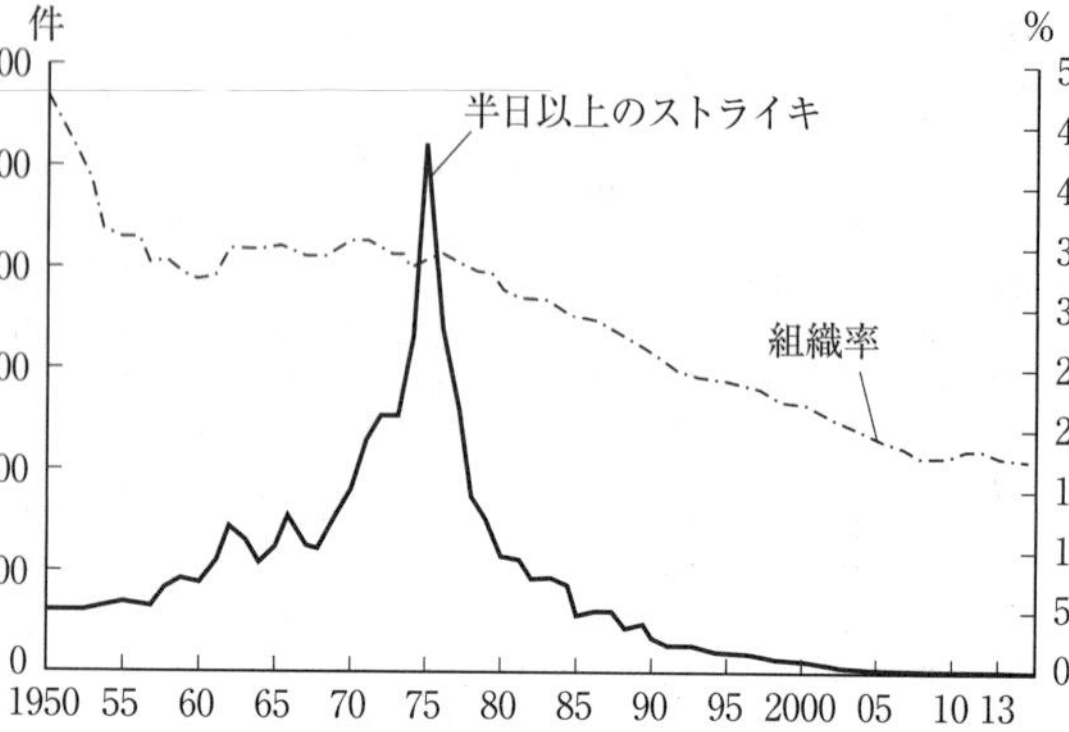

（出所）厚生労働省「労働組合基礎調査」，同「労働争議統計調査」．

図 4-3　年間ストライキ件数および労働組合組織率の推移

実数を補いながら図4－3を説明すれば、一九七五年に年間五〇〇〇件を超えた半日以上のストライキは、八〇年代末には五〇〇件を切り、九〇年代には二〇〇件台から一〇〇件台まで減少して、最近では年間五〇件を割り込んで三〇件前後に落ち込んでいる。また、半日未満のストは、八〇年代半ばまで概ね年間三〇〇〇件を超えていたが、九〇年代に入ると一〇〇〇件を切るようになり、最近では数十件にまで減っている。日本社会は、最近に近づくほど、ストライキがほとんどないという意味で、いよいよ「ストレス社会」になってきたのである。このストレス社会への移行は仕事の精神的負荷が大きいという意味での「ストレス社会」への移行でもあった。

労働組合があって、ストライキ権が与えられていても、スト権が実際に行使されないならば、それでなくても弱い立場の労働者は一段と弱い存在になり、経営者に労働条件の改善を迫る決め手を欠き、経営者の言いなりに働かされることになりやすい。一九八〇年代末以降の日本の労働運動は如実にそのことを示している。

そういう時代背景のもとで誕生した正社員は、ハッピーな雇用身分であるとはいえない。正社員の誕生は「会社人間」や「企業戦士」の誕生でもあった。さきと同じく国会図書館の雑誌記事検索で調べると、「会社人間」は中島信吾「心病む悲しき会社人間たち」(『朝日ジャーナル』一九七八年一二月二二日号)に最初の用例がある。「二十四時間戦えますか」という三共リゲインのテレビコマーシャルが登場したのは八八年である。この年に「過労死一一〇番」がスタートして、「過労死」という用語が一挙に広まった。

のちに「バブル」と呼ばれるようになった株価と地価の異常な上昇が始まったのは一九八三年ころといわれている。八〇年代後半になると、金融だけでなく生産も流通も過熱して、七五年以降増加してきた男性労働者の時間外労働、すなわち残業が一段と増加した。「労働力調査」によれば、オイルショック直後の一九七五年からバブルがピークにさしかかった八八年の間に、男性の年間労働時間は二五〇一時間から二六七三時間へ、一七二時間――所定労働時間ではまる一か月分――も長くなった。そして、八八年には、週労働時間が六〇時間を超える超長時間労働者が男女計で七七七万人(男性六八五万人、女性九二万人)にのぼり、男性では四人に一人を占めるまでになった。その結果が過労死の多発であったことは言うまでもない。

絞り込まれて追い出される

日本経済は、一九九〇年代初めのバブル崩壊後、「失われた二〇年」といわれた長期不況に突入した。この間の最初の不況の谷である一九九三年には、新聞に「リストラ」という言葉とともに、「ホワイトカラーの受難」という言葉が目につくようになった。その場合のホワイトカラーというのは、管理・専門技術・事務・営業などに携わる正社員という意味である。

拙著の『貧困化するホワイトカラー』にも書いたことだが、日本経済が不況に沈みリストラの大波が正社員を襲った一九九三年、『毎日新聞』は、「ホワイトカラー冬景色」と題して、音響機器のトップメーカーであったパイオニアの五〇歳以上の管理職三五人への退職勧奨を取り上げ、三〇年以上勤めた職場から犯罪人のように放り出された企業戦士たちの無念の思いを伝えている(一九九三年二月一四日朝刊)。その二日後から、同紙は、四回にわたる連載記事で、解雇通告が吹き荒れる証券、ソフト、自動車などの業界、中小企業のホワイトカラーの状態を追いかけた(九三年二月一六~一九日朝刊)。

同じ年に『朝日新聞』は、「背後に雇用調整の波　続くホワイトカラー受難　厳しい賃上げ率の春闘」と題して、不況下で中高年ホワイトカラーを標的にリストラという名の雇用調整が進み、いわゆる終身雇用と年功序列が崩壊しつつあることを報じている(九三年三月二五日朝刊)。『読売新聞』には、「ホワイトカラー〝冬の時代〟　新日鉄が大規模削減計画　他社にも広がる公算」という記事が出た(九三年一〇月三〇日朝刊)。この記事は新日本製鐵が発表した社員七〇〇〇人の人員削減計画を取り上げ、それが四〇〇〇人のホワイトカラーの削減を柱にしていることや、ホワイトカラーの大規模なリストラが他の鉄鋼会社にも広がっていることを伝えたものである。

一九九三年版『労働白書』も、バブル崩壊後の「労働力過剰感」の高まりと「雇用調整」の動向を踏まえて、ホワイトカラーの職業別構成の推移を取り上げた。社会政策学会という労働問題を研究対象とする学会において初めて「ホワイトカラー」が大会テーマになったのは九四年であった。それはその前年に、大企業のホワイトカラーを襲ったリストラが大きな問題になったからにほかならない。生産部門であれ販売部門であれ、もともと低賃金の時給労働者で雇用の調整弁の役割を担わされてきた女性パートが不況で大量に雇い止めになったとしても、それを受難とはいわない。「終身雇用」が約束されているかのように思われてきた大企業の男性正社員が一転して人員削減の大波にさらされるようになってきたからこそ、受難といわれたのである。

ホワイトカラー正社員の受難は、一九九〇年代にとどまらず、リストラが波状的に繰り返されるなかで、いまもなお続いている。近年ではリストラの手法として「社内失業」と「追い出し部屋」に関する報道が増えてきた。

二〇一二年一二月三一日の『朝日新聞』朝刊に、シリーズ〈限界にっぽん〉の一つとして「働き盛り　社内失業」というタイトルの、一面トップから二面にまたがる長文の記事が掲載された。大阪に本社があるパナソニックの横浜の子会社に、さまざまな部署から三〇～四〇代を含む正社員一一三人が集められた。記事に登場する事務職の女性もその一人である。主な仕事は、ほかの部署への「応援」である。彼女の初めての「応援」は、他工場からもってきたベルトコンベヤーの横に並び、三〇秒に一個、流れてくる携帯電話を段ボール箱に詰める。これまでは主に非正規労働者がやっていた仕事だった。

「朝日新聞デジタル」の二〇一三年四月九日の記事は、パナソニックグループには、「追い出し部屋」と呼ばれる「事業・人材強化センター」（ＢＨＣ）の隣に「キャリア開発チーム」という部署があると伝えている。この記事に出てくる四〇代の男性は、もとはネット関連の企画職だったが、いまは異動させられて、ひたすら社内の受け入れ先や他社の求人を探す「仕事」をさせられている。その男性は上司から「本来なら解雇だが、ここで給料をもらえるだけありがたいと思え」と言われたこともあるという。

同じ記事には、「勝ち組」とされる日立で、事実上の追い出し部屋である人材会社に行かされ、「キャリアチャレンジプログラム」に参加させられた五〇代の男性社員の話が出てくる。入社後最年少で海外の名門大学に留学した彼は、人材会社が用意した部屋に毎日通い、「窓もなく机にパソコンが置かれただけの部屋で、一人で求人情報を集め、履歴書などを書いた」。その後、十数社の面接を受けて中堅メーカーに転職した。

私は『就職とは何か――〈まともな働き方〉の条件』で、一九九〇年代末から二〇〇〇年代にかけて、かつて就職部といわれた大学の就職支援部局は「キャリアセンター」や「キャリア支援室」に名称替えをしたと書いた。いまでは、高校、中学校、さらには小学校でもキャリア教育が推奨され、大学ではしきりにキャリアデザインがいわれるようになっている。日本経済新聞社が主催する「日経キャリア・チャレンジ・プログラム」にはさまざまな大学がチームを組んで参加しているという。こうした大学までの学校教育でいうキャリアと、企業社会のキャリアとは意味合いが異なる。大学ではキャリアとは職業人生のなかで経験と経歴を積んでいくことを意味するが、昨今の企業の「追い出し部屋」からは、積むよりは潰して剝ぎ取るのがキャリアではないかという印象を受ける。

経済雑誌『プレジデント』の二〇一五年二月一六日号では、東京管理職ユニオンの鈴木剛執行委員長が、「リストラの最新手法」について語っている。

鈴木によれば、最近は、中高年を窓際に追いやって仕事を与えないとか、「仕事を探す」という仕事をさせ、やる気をなくさせて辞めさせる、追い出し部屋的なやり方は古くなって、手口がより巧妙化した。会社は「スキルアップのため」という名目の業務命令で、社員を人材会社に行かせる。人材会社では「キャリア志向性」や「人生の根っこ探し」などと称した適性診断テストを受けさせられる。会社の意図はたとえ口にはしなくとも退職勧奨か転職強要であり、転職先は人材会社が斡旋する仕組みになっている。

記事には会社側の代理人として労働事件を手がける弁護士のコメントも載っている。それには、上司から「最近疲れているんじゃないか。一度診てもらったら?」と勧められて産業医を受診すると、うつ病や新型うつと診断されて処方薬を出され、それが病気休職、さらには自主退職に結びつくという話も出てくる。

過労とストレスが強まって

現在、日本の労働者、とりわけ男性正社員は一日、一週あるいは一年にいったい何時間働いているのだろうか。五年ごとに実施される総務省「社会生活基本調査」は生活時間の配分のうちの「仕事」の項目で、「正規の職員・従業員」の「通常の一週間」の労働時間を集計している。いまのところ最新の二〇一一年結果を見ると、男性は一週五三・一時間働いている。これは調査対象期間に働かなかった人を含む「総平均」である。働いた人だけの「行動者平均」を見ると、男性の正規労働者は一週六六・七時間働いている。そのうち「現在より週間労働時間を減らしたい」と考えている人の平均は一週六九・八時間にのぼり、土日を含め毎日ほぼ一〇時間、週休二日とすれば、一日一四時間働いていることになる。私は日本の働き盛りの「猛烈サラリーマン」の働き方はこれに近いのではないかと思う。

ＯＥＣＤの国際比較データによると、二〇一一年の男性フルタイム労働者の週間労働時間は、アメリカ四二・五時間、イギリス四三・六時間、ドイツ四〇・九時間、フランス四〇・三時間であった。このデータには日本の労働時間は欠けているが、先の「社会生活基本調査」の週五三・一時間と対比すれば、日本の男性正規労働者の年間労働時間は、アメリカ・イギリスより五〇〇時間前後、ドイツ・フランスより六五〇時間前後長い。なお、同年の日本の女性正規労働者は、国内では男性より週当たり九時間短いにもかかわらず、他の四か国の女性フルタイム労働者より長時間働いている。

二〇一一年の男性正規労働者の週五三・一時間は年間ベースでは二七五〇時間を超える。これは戦後「労働力調査」が開始された五〇年代半ばの男性の平均労働時間とほとんど変わらない。時間は変わらなくても、ジョブデマンド(仕事の要求度)やジョブストレスは高まっている。

今日における過労やストレスの増加にはグローバル化や情報化などの経済活動の変化も影響している。グローバル化が進むと、グローバル企業の進出先の労働者の劣悪な労働条件の影響を受けて、本国の雇用が不安定化し、賃金を押し下げる圧力や、労働時間の延長を招く圧力が強まる。また、情報化が進み、インターネット、パソコン、スマートフォン、携帯電話、Eメールなどの情報ツールが普及すると、商品としての財やサービスの種類とともに仕事の量が増え、研究開発や納期や取引における時間ベースの競争が強まってくる。さらに、新しい情報ツールは、家にいても、出先や旅先でも、仕事がどこまでも追いかけてくる状態を生み出し、経済活動の二四時間化と相まって、業務の精神的ストレスを高める一因になっている。情報化にともなう働き方のこうした変化は、うつ病などの精神障害や過労自殺などのストレス性疾患が増加する一因になっているとも考えられる。

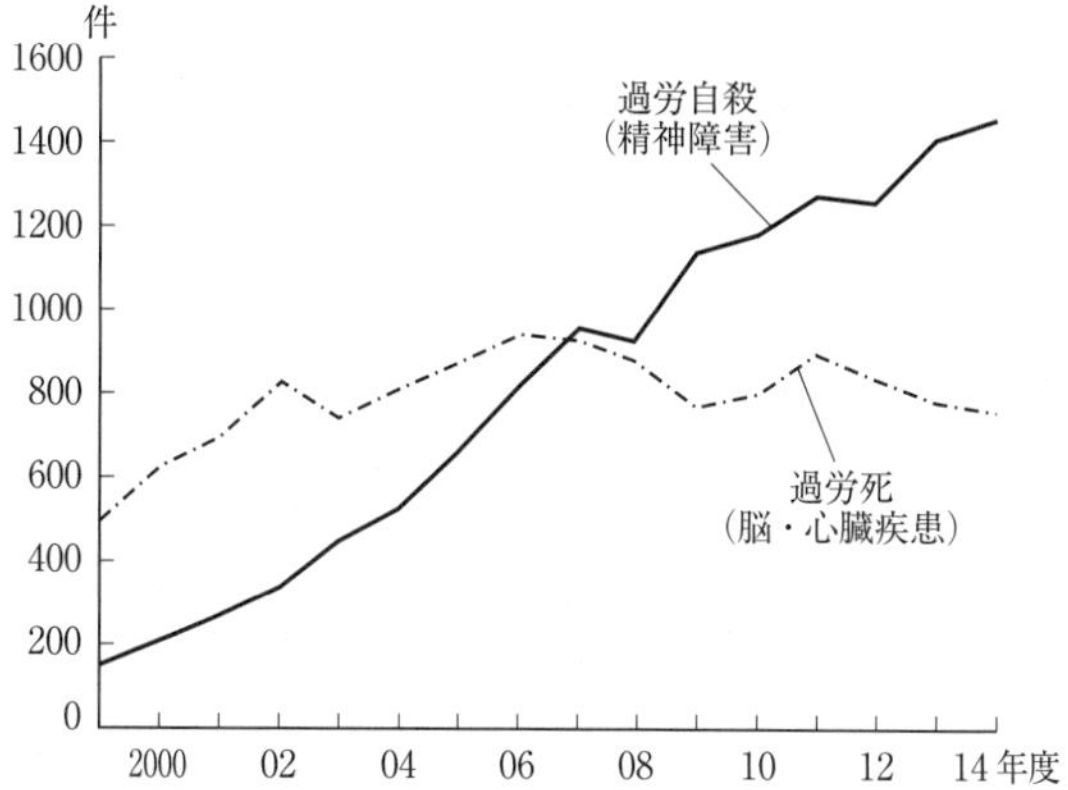

(注) 死亡事案以外を含む.
(出所) 厚生労働省「過労死等の労災補償状況」. タイトルは年度によって変更がある.

図 4-4　過労死・過労自殺に係わる労災請求件数の推移

雇用の非正規化の影響も無視できない。序章でも述べたように、パート・アルバイト、派遣、契約社員、嘱託などの非正規労働者が全労働者の四割近くにまで増えている。一五歳から二四歳までの若年層では学生アルバイトを含めると非正規労働者比率は五割を超えている。一般に非正規労働者が増えると、正規労働者は前より少ない人数で前より多くの仕事をさせられるようになる。若年層では、非正規労働者の劣悪な労働条件の影響を受けて、ブラック企業に典型を見るように、正社員のあいだで酷い働かせ方／辞めさせ方が広がってきた。またそのなかで職場のいじめや嫌がらせやパワハラの増加が問題になってきた。こうしたことも若者のあいだでうつ病や

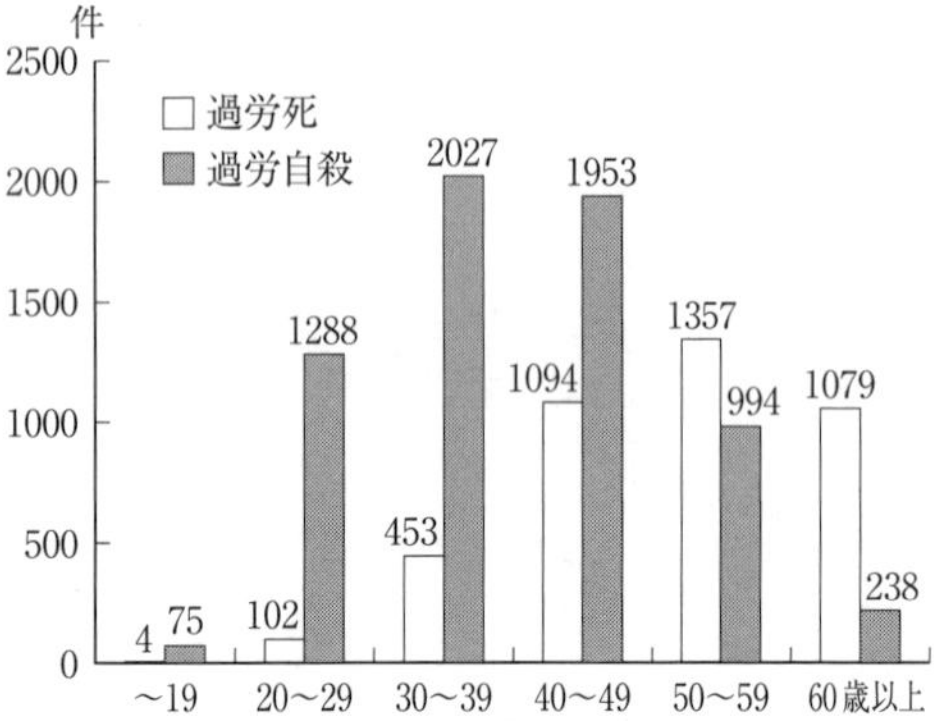

（注）2010年度から2014年度までの労災請求件数の累計．死亡事案以外を含む．
（出所）図4-4に同じ．

図4-5　若い労働者に多い過労自殺

過労自殺などの精神障害が多発している背景になっていると考えられる。

厚生労働省が毎年六月下旬に発表する「過労死等の労災補償状況」に関するデータで見ると、過労死にかかわる脳・心臓疾患などの労災請求件数は、図４－４に示したように一九九九年度から二〇〇六年度にかけて四九三件から九三八件へほぼ二倍に増えた。その後は九〇〇件前後から八〇〇件前後のあいだにあって少し減少気味に推移している。他方、過労自殺にかかわる精神障害の労災請求件数は増え続ける一方で、九九年度から一四年度の間に一五五件から一四五六件へと九・四倍になっている。

過労自殺の増加に関して注目されるのは、若い労働者の発症が多いことである。図４－５は、二〇一〇年度から二〇一四年度の過労死と過労自殺にかかわる労災請求件数一万六六四件の年齢別分布を示したものである。これを見ると、五〇代、六〇代は過労自殺より過労死が多いが、四〇代から三〇代、二〇代、一〇代へと下がるほど、過労死に比べ過労自殺の比率が高いことがわかる。

拡大する「限定正社員」

二〇一二年一二月の総選挙で自民党が大勝して第二次安倍内閣が誕生した。安倍首相は「世界で一番企業が活躍しやすい国」づくりを公言し、雇用改革の第一の柱として正社員改革を打ち出している。そのために設けられた「規制改革会議」の「雇用ワーキング・グループ報告書」がいうには、日本の正社員は、無期雇用、フルタイム、直接雇用という特徴だけでなく、職務、勤務地、労働時間(残業)が特定されていない無限定正社員という傾向が欧米に比べて顕著である。このため、正社員改革の一環として、職務、勤務地、労働時間等が特定されている「限定正社員」、いわゆる「ジョブ型正社員」を増やすべきだというのである。

安倍内閣の正社員改革の眼目の一つは、正社員の多様化を推し進めることにある。限定という条件付きでも正社員と称するからには、非正社員と違って雇用期間の定めがなく、多少の賞与や手当がつき、わずかにせよ昇給もあるだろう。それゆえに、パート社員やアルバイト社員が限定正社員に移行すれば、労働条件の改善が期待されるという主張もある。実際、非正規労働者のあいだでは有期雇用契約を無期雇用契約に転換したいという要求が強いだけに、限定正社員への期待が大きいといわれている。

しかし、ことは単純ではない。限定正社員の賃金は無限定正社員の賃金よりかなり低く抑えられ、勤務地や職務が限定されるほど、勤務地や職務がなくなるか変更になれば、または実際にはなくならなくても、なくなることを口実にして、解雇されやすくなるという懸念もある。

政府は正社員改革の前提として、労働市場制度の改革を提起し、「行き過ぎた雇用維持型から労働移動支援型への政策転換」を言い立てている。この転換は、従業員の再就職に人材会社を利用する事業主に労働移動支援助成金を支給するなどしてすでに実行過程にある。この点でいうなら、限定正社員制度の狙いは、「非正規の正規化」以上に、正社員の一部を限定正社員にすることを通じた「正社員の多様化」であり、「正社員の解雇の柔軟化」にあると考えられる。

限定正社員の普及は新しい法律の制定を必要としない。限定正社員は本章の冒頭にも述べたように、従来の「一般職正社員」に加えて、「エリア正社員」「時給正社員」などのかたちですでに普及している。これらの雇用形態では、賃金は初任給からして普通の正社員より低く設定されている。大卒の新規採用の初任給を例にとると、総合職(かつての男性職)が二〇万円から二一万円であれば、一般職(かつての女性職)は一八万円から一八万五〇〇〇円というように、二万円から二万五〇〇〇円の差がある。ネットには、年収比較で、初年度は、総合職三五〇万円くらい 一般職三〇〇万円くらい、一五年目は総合職一〇〇〇万円くらい 一般職五〇〇万円くらい(一般職は一五年くらいで頭打ち)という情報も出ている。

そこには、総合職は、有給休暇をとって海外旅行に行くなんてできない。サービス残業、休日出勤は当たり前。転勤も拒否できない。その一方、一般職は、休日出勤はない。残業も転勤もあまりない。有給消化率は一〇〇%。その代わり業績不振になったときは真っ先に、リストラ・合理化の対象になる、という説明もある。いささか単純化しすぎの感もあるが、まったくの的外れとはいえない。

日本郵便株式会社のホームページに、非正規労働者(「期間雇用社員」)の「正社員登用」を看板にした地域限定正社員(「新一般職」)の採用情報が出ている。それによると、移行一年目の二〇一五年度初任給は高卒が一三万三五〇〇円、大卒が一四万四三〇〇円となっていて、従来の一般職よりかなり低くなっている。

この例にも見られるように、新たに導入・拡大されようとしている限定正社員の賃金は、いまある一般職よりもっと低く抑えられるだろう。エリア正社員型の限定正社員は採用地域ごとに基本給そのものが違い、その地域の最低賃金に準拠して非常に低く抑えられるだろうことは目に見えている。

時間の鎖に縛られて

正社員の労働時間が無限定・無制限であるということは、ストレートに言えば「奴隷」的な働き方を強いられるということである。ジュリアス・レスターはアメリカの南北戦争以前の奴隷制の実態を描いた『奴隷とは』という本のなかで、「奴隷とは」と自問し、「人間でありながら人間であることを許されない存在」と答えている。これに照らせば、過労死・過労自殺の被災者の多くは、「奴隷」的な働き方を強いられた挙げ句に斃《たお》れたといってよい。

一九八七年二月、総合広告代理店の創芸に勤め、四三歳で急性心筋梗塞を発症し過労死した八木俊亜は、人間の存在について詩のようなメモを書き遺している。

人はただ奴隷的に存在する安逸さになれてしまう。
人間の奴隷的存在について考えてみよう。
かつての奴隷たちは奴隷船につながれて新大陸へと運ばれた。

超満員の通勤電車のほうがもっと非人間的ではないのか。
現代の無数のサラリーマンたちはあらゆる意味で、奴隷的である。
金にかわれている。
時間で縛られている。
上司に逆らえない。
賃金もだいたい一方的に決められる。
ほとんどわずかの金しかもらえない。
それも欲望すらも広告によってコントロールされている。
肉体労働の奴隷たちはそれでも家族と食事をする時間がもてたはずなのに。
（八木光恵『さよならも言わないで――「過労死」したクリエーターの妻の記録』。
引用にあたって一節ごとに改行した）

情報産業でソフトウエアの開発に携わるSEの職場は、過労死がきわだって多いことで知られる。その被災者の一人である西垣和哉は、二〇〇二年四月に神奈川の富士通ソーシアルサイエンスラボラトリ（富士通SSL）に二三歳で入社し、〇六年一月、二七歳で過労死した。業務がもっとも集中した時期の彼の一か月の実労働時間は二九六時間五七分、残業時間は一二八時間五七分、一日当たりの平均労働時間は一一時間五二分にのぼった。一日一二時間労働が続き、翌晩二二時までの三七時間連続勤務についたときもあった。原告代理人としてこの事件を担当した川人博は、母親の西垣迪世が編集した労災認定勝利の記念冊子のなかで「SEとは、System Engineer(システムエンジニア)の略語のはずだが、私には、Slave Engineer(スレイブエンジニア=奴隷のように働く技術者)の略語のように聞こえてしまう」と述べている。

「過労死一一〇番」の開設から二〇年以上たちながら、過労自殺を含めると過労死の減る兆しがないなかで、全国過労死を考える家族の会と過労死弁護団全国連絡会議を中心に「過労死防止基本法」を制定しようという運動が提起され、二〇一四年六月二〇日に超党派の議員立法で「過労死等防止対策推進法」(略称・過労死防止法)が成立した。

しかし、その四日後には安倍内閣が新たな労働時間制度の創設を盛り込んだ「『日本再興戦略』改訂二〇一四」を閣議決定した。その後、労働政策審議会の建議を経て、二〇一五年四月に「高度プロフェッショナル制度」(残業代ゼロ制度)の創設案を含む労働基準法改定案が国会上程された(審議されずに次期国会に持ち越された)。この制度は、高度な専門的業務に従事する年収一〇七五万円以上の労働者に適用されるという。

しかし、財界の当初案（日本経団連「ホワイトカラーエグゼンプションに関する提言」二〇〇五年）では、年収四〇〇万円以上の労働者を労働時間規制の除外対象にすると想定していた。また、経団連の榊原定征会長は二〇一三年時点で「全労働者の一〇％ぐらいは適用される制度」（年収基準では八〇〇万円台）にするように要求していた。産業競争力会議メンバーの竹中平蔵パソナ会長は「小さく産んで大きく育てる」と言い、熱心な推進論者の八代尚宏国際基督教大学客員教授は「職種によっては、年収八〇〇万円ぐらいでも対象にするのがのぞましい」とコメントしている。こうした動きを見ると、いったん制定されてしまえば、年収要件が大幅に引き下げられ、対象業務が大きく拡大されることは避けがたい。なお、エグゼンプション（exemption）とは免除のことで、この場合は使用者の労働者に対する残業代支払い義務を免除するというのである。

もともと現行の労働基準法では、使用者は労働者を一週間について四〇時間、一日について八時間を超えて働かせてはならず、これに違反した場合は六か月以下の懲役または三〇万円以下の罰金に処せられることになっている。しかし、これには抜け道があって、使用者は、同法の第三六条に基づいて時間外労働の延長に関する労使協定（いわゆる三六協定）を結び、労働基準監督署に届け出れば、いくらでも時間外・休日に労働をさせても罰せられない。これではあまりにも無際限だというので、一九九八年一二月の労働省告示によって一週間一五時間、一か月四五時間、三か月一二〇時間、一年三六〇時間などの時間外労働の延長に関する限度時間が設けられた。しかし、これには強制力がないうえに、但し書きで、納期の切迫、業務の繁忙、機械のトラブルなどの特別な事情を付して、特別条項を盛り込めば、いくらでも延長することができる仕組みになっている。しかも、工作物の建設、自動車の運転、新技術・新商品の研究開発などに関しては、さきの限度時間の適用すら免除されている。

労基法の労働時間制度については、当初からある三六協定にくわえて、サービス残業の横行、管理監督者への適用除外制度の濫用、変形労働時間制と裁量労働制の拡大、女性の残業規制の撤廃など、次々と規制緩和がなされてきた(詳しくは小著『過労死は何を告発しているか――現代日本の企業と労働』参照)。

そうした規制緩和の総仕上げとして持ち出された「高度プロフェッショナル制度」は、労基法の根幹をなす一週四〇時間、一日八時間の規制を外し、時間内・時間外の区別を消し去り、労働時間という概念をなくし、したがって残業という概念もなくすという点で、「残業代ゼロ法案」というより「労基法解体法案」といわなければならない。これは中核的な正社員の労働時間のいっそうの延長をもたらし、過労死を増やすおそれが大きい。

正社員の消滅が語られる時代に

『正社員消滅時代の人事改革』という本がある。帯には「契約社員、派遣社員、パート社員、高齢社員を戦力化する新しい公式を提示」とある。著者の今野浩一郎はこの本を著したあと、第二次安倍内閣の働き方改革のために、厚生労働省に設けられた「「多様な正社員」の普及・拡大のための有識者懇談会」の座長になって、報告書を取りまとめた。それには「消滅」の語はないが、著書のタイトルにいう「消滅」には、職務や勤務地や労働時間などに制約のない従来型の正社員に代わって、これからは働き方が制約された正社員が主流の時代になるという意味が込められている。制約正社員＝限定正社員が従業員の中心を占める時代がやってきたというのである。

二〇一四年一二月三一日放送の「朝まで生テレビ！」(テレビ朝日系)で、「戦後七〇年元旦スペシャル　激論!日本はどんな国を目指すのか?!」というテーマで討論が行われた。インターネットに残っている記録によると、非正社員の劣悪な処遇が問題になって、出席者の一人の竹中平蔵は、「同一労働・同一賃金と言うんだったら、正社員をなくしましょうって、……言わなきゃいけない。全員を正社員にしようとしたから、大変なことになったんですよ」と述べたという。

安倍内閣の成長戦略は首相を議長とする「産業競争力会議」で議論されてきた。人材派遣業を営むパソナグループ取締役会長である竹中は、同会議を構成する民間企業トップ八人の中心メンバーの一人である。人材派遣のパソナ社長の南部靖之もどこかで似たようなことを言っていたことを思い出して、パソコンの記録を調べたら、彼は一〇年も前に次のように語っていた。

正社員が安定した雇用で一番常識的な働き方という考え方は、二十年後にはひょっとしたら非常識になっているかもしれない。フリーターの存在は時代の先を行っている。……正社員でいるとリストラや定年がある。フリーターのような立場なら本当の意味で一生涯の終身雇用が可能だ。だから今は不安定といわれているフリーターが安定した働き方になる(『日本経済新聞』二〇〇五年一〇月二一日朝刊)。

正社員なら定年制があって泣きを見ることもあるが、フリーターならいつまでも働くことができると言うのである。その定年制もいまや風前の灯になっている。かつては女性には「寿退社」の慣例があり、結婚にともなって会社を辞めるという若年定年制が通用していた時代があった。またいまでも自衛隊員には五三～五五歳の若年定年制があると聞く。ふつう定年制といえば、正社員は六〇歳あるいは六五歳まで勤め続けることができるという慣行を意味してきた。それがたとえば四〇歳で終わりということになったら、正社員の長期雇用慣行も消えゆくしかない。

二〇一二年の民主党を中心とする連立政権下で、野田佳彦首相（当時）を議長とする国家戦略会議の「フロンティア分科会」が定年制廃止を提言した。その報告書を見ると、「人生のさまざまなライフステージや環境に応じて、ふさわしい働き場所が得られるようにする。具体的には、定年制を廃し、有期の雇用契約を通じた労働移転の円滑化をはかるとともに、企業には、社員の再教育機会の保障義務を課すといった方法が考えられる。場合によっては、四〇歳定年制や五〇歳定年制を採用する企業があらわれてもいいのではないか」という文章が目に飛び込んでくる。「フロンティア分科会」におかれた「繁栄のフロンティア部会」の報告書では「「人財戦略」を国家戦略に」することが強調され、「有期を基本とした雇用や金銭解雇ルールの明確化」と合わせて、「皆が七五歳まで働くための「四〇歳定年制」」の導入を提起して、「人生で二～三回程度転職することが普通になる社会を目指すためには、むしろ定年を引き下げることが必要である。具体的には、入社から二〇年目以降であれば、労使が自由に定年年齢を設定できるようにすべきである」ともいう。

この報告書に目を通して、私は以前に監訳したジル・フレイザーの著書『窒息するオフィス　仕事に強迫されるアメリカ人』の一文を思い出した。四〇歳定年制は、ここにいうキャリア上の「死のキス」を四〇歳という若さで制度化しようというものである。

〔今日では人びとは〕二〇代には、増大する派遣社員の登録プールに入るか、労働力の再編戦略に熱心な会社で昇進の可能性がほとんどない正社員のポストに就くかを、選択することを多くの人が強制されている。三〇代、四〇代には、企業の貪欲な要求と、子どもや年老いた両親の要求とのバランスをとるために苦労させられる。そしてさらに年をとると──これまで猛烈に働いてきた年月がすべて報われるだろうという期待にもかかわらず──在職期間が長く、給与水準が高いために、ますます失業させられる危険が高くなり、自営業や非正規労働のほかには、選択肢がほとんどないということを悟る。証券業やハイテク部門のようなとくに冷酷な業界では、このようなキャリア上の「死のキス」は四〇代という若さの人びとを襲うのである。

『日本成長戦略　四〇歳定年制』の著書である柳川範之(東京大学経済学部教授)が「ダイヤモンド・オンライン」二〇一四年五月九日付の「定年前後に〝社内失業〟するのはこんな人！今こそ主張したい「四〇歳定年制」の本当の意味」という記事で、四〇歳定年制について語っている。彼によれば、最近、五〇代、六〇代の社員の働き場所がない。「社内失業」だといわれている。そういう人たちもいまの会社にこだわらず、他に働く場所を探し、かつもう一度自分の能力を磨き直すなら、バリバリ働ける場はある。どんな会社であっても一〇年後、二〇年後に安泰かどうかはわからない。そうである以上、多様な有期雇用契約を認める必要があり、期限が契約上定められていない無期雇用契約については、二〇年の雇用契約とみなす、つまり入社二〇年でいったんクビ、というのが柳川の主張である。

政府の正社員改革論においては、正社員の第一の特徴はいわゆる終身雇用を意味する「無期雇用」とされ、正社員の職務、勤務地、労働時間が無限定であるのは無期雇用の代償と見なされている。限定正社員の導入・拡大の狙いは、すでに述べたように、無限定正社員をなくすということではなく、無限定正社員を絞り込みながら残したうえで、非正規雇用の労働者から条件付きで正社員への転換に道を開いて、「多様な正社員」を普及することにある。そのうえさらに、四〇歳定年制で「多様な有期雇用契約」を認めるということになると、結局、正社員は多くが有期雇用の限定正社員に置き換えられることになるしかない。そうなると、「高度プロフェッショナル制度」の適用対象で、労働時間の規制が外され無制限の長時間労働を強いられる労働者だけが、従来型の無限定正社員として残ることになろう。

なくすべきはサービス残業を含む長時間の残業を強いられる日本型の無限定正社員である。それを実現することはたやすい。終章でも述べるように、諸外国で制度化されているように一日あるいは一週間の残業時間に法的な上限を設け、たとえば残業は一日二時間・一年一五〇時間まで、一週間の最長労働時間は四八時間とするだけでよい。それと並行して、欧州連合（EU）にあるような、前日の勤務から翌日の勤務まで最低一一時間の休息時間を確保する仕組み——インターバル休息制度——を導入すればなおよい。

第5章　雇用身分社会と格差・貧困

雇用形態が雇用身分になった

労働市場に関して使われる用語には、軍隊から派生したものや軍隊でも使われるものがある。たとえば、予備軍(reserve army)に由来する産業予備軍、新兵募集人(recruiter)が転じた新人募集人、軍隊が計画的に撤退するという意味を持つ退職(retire)など、正規労働者(regular worker)も正規軍(regular army)からきていると考えることができる。

細井和喜蔵は『女工哀史』のなかで、「紡績会社では従業社員ならびに職工の階級(身分)が実に甚だしく(細かく分かれており)、あたかも軍隊のようだ」と言う。今日の日本における「雇用形態の多様化」も、これと同様である。これまでは軍隊でいえば、非正規軍がパートタイム、アルバイト、契約社員、派遣、嘱託などの雇用身分に多様化されてきたが、いまでは正規軍も細かく多様化されてきている。

厚生労働省のホームページには、「さまざまな雇用形態」についての解説のサイトがある。そこでは「派遣労働者」「契約社員(有期労働契約)」「パートタイム労働者」「短時間正社員」「業務委託(請負)契約を結んで働いている人」「家内労働者」「在宅ワーカー」の七つの雇用形態が挙がっている。

ここに「正社員」がないのは、解説を非正規雇用に絞っているからだろう。また、「短時間正社員」があっても、「限定正社員」がないのは、このサイトが開設された時点では「限定正社員」はまだ議論になっていなかったからであろう。「アルバイト」がないのは、「一週間の所定労働時間が同じ事業所に雇用されている正社員と比べて短い労働者」であれば、法的にはアルバイトもパートタイム労働者（短時間労働者）と見なされるからだと解説されている。

「業務委託（請負）契約を結んで働いている人」や「家内労働者」や「在宅ワーカー」が「さまざまな雇用形態」の一つと見なされているのは、これらの人びとは形式的には「個人事業主」として扱われるが、委託者に対して弱い立場におかれていることもあり、働き方の実態が「労働者」であると判断されれば、労働法の保護を受けるからであろう。

ところで先の厚労省ホームページは、なぜさまざまな雇用形態の最初に「派遣労働者」を取り上げたのだろうか。その理由は述べられていないが、派遣がまともな雇用とは言い難く、他の雇用形態より就労にともなう問題が生じやすいからではないかと考えられる。そのことは次の解説からも見て取ることができる。

労働者派遣とは、労働者が人材派遣会社（派遣元）との間で労働契約を結んだ上で、派遣元が労働者派遣契約を結んでいる会社（派遣先）に労働者を派遣し、労働者は派遣先の指揮命令を受けて働くというものであり、労働者に賃金を支払う会社と指揮命令をする会社が異なるという複雑な労働形態となっていることから、労働者派遣法において派遣労働者のための細かいルールを定めています。

労働者派遣では、法律上の雇い主はあくまで人材派遣会社になります。よって事故やトラブルが起きた際は、まず人材派遣会社が責任をもって対処しなければなりません。しかし、実際に指揮命令をしている派遣先は全く責任を負わないというのは妥当ではなく、労働者派遣法において派遣元と派遣先が責任を分担するべき事項が定められています。

労働者派遣制度は派遣元も派遣先も雇用主および使用者としての責任をとらない働かせ方である。派遣労働者は派遣元にも派遣先にも何も言えない弱い立場におかれていて、さまざまな不安、悩み、ストレスを抱えていることが多い。以前私は役員報酬の開示を求める株主提案を説明するためにソニーの株主総会に出席した。そのとき、ある株主グループから「私たちは派遣労働者としてソニーで働いていますが、ソニーに労働条件の改善を要求すると、それは派遣元に言ってくださいと言われ、派遣元に要求するとそれは派遣先に言ってくださいと言われま

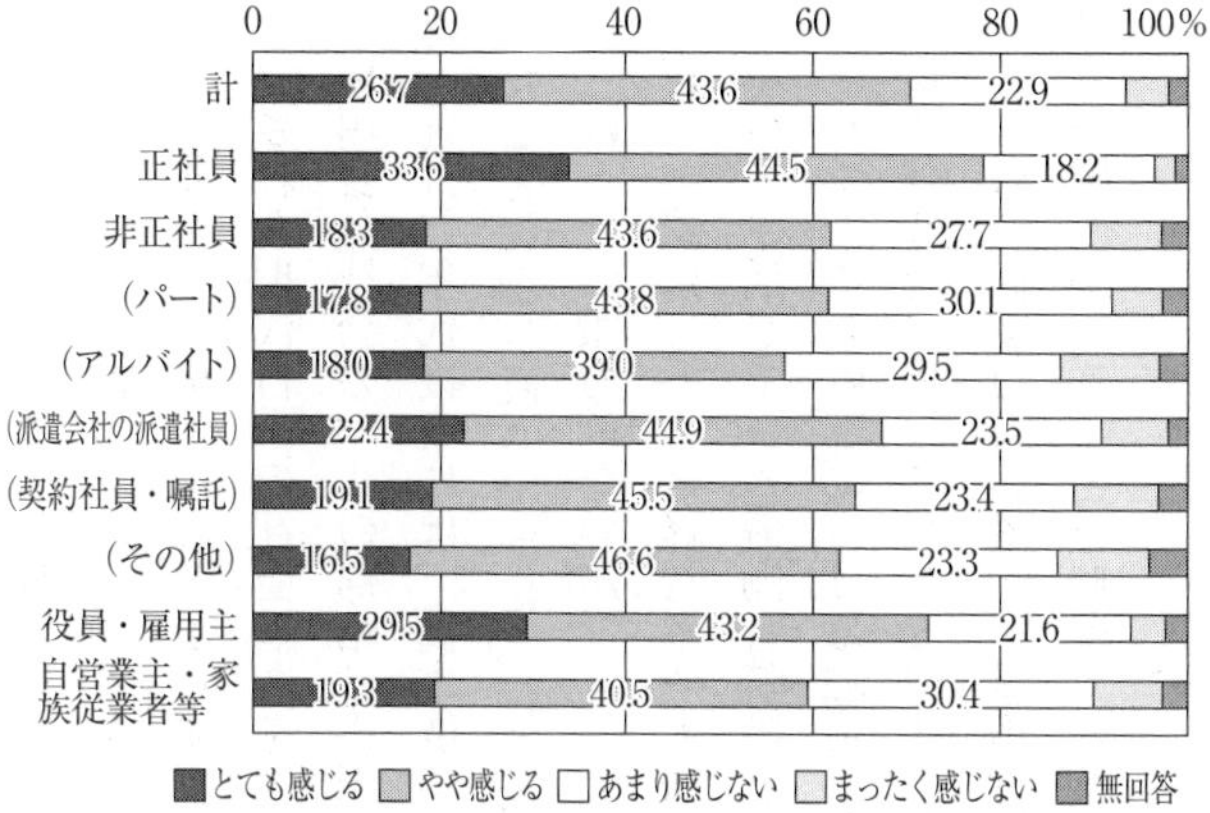

(出所) 厚生労働省「派遣労働者の心の健康づくり」2010年. 労働政策研修・研究機構「就業形態の多様化の中での日本人の働き方」2006年.

図5-1　身分別：仕事上の不安や悩みの有無

した。私たちはいったいどこに要求すればいいのでしょうか」という質問があった。この一事からも、派遣労働者がいかに不安定な、弱い立場の雇用身分であるかがわかる。

最近、厚労省のホームページで「派遣労働者の心の健康づくり」というネット冊子を見る機会があった。そこには図5－1のように「身分別：仕事上の不安や悩みの有無」というタイトルがつけられた図が出ている。出所の労働政策研修・研究機構の調査報告には「身分」という表現はない。たぶん、作成担当者が就業形態別や雇用形態別より身分別のほうが理解されやすいと考えて付けたのであろう。

パート、アルバイト、派遣、契約社員など

の雇用形態は、いまでは雇用の階層構造や労働者の社会的地位と不可分の「身分」になっている。本書は、このように労働者がさまざまな雇用形態に引き裂かれ、雇用の不安定化が進み、正規と非正規の格差にとどまらず、それぞれの雇用形態が階層化し身分化することによって作り出された現代日本の社会構造を「雇用身分社会」と名づけて考察してきた。

雇用身分社会の一つの帰結は格差社会の成立であった。バブル崩壊後の長期不況が深刻化した一九九〇年代後半には、橘木俊詔『日本の経済格差——所得と資産から考える』が反響を呼んだことに示されるように、経済格差の拡大が議論を呼ぶようになった。最近では「格差社会」ほどの伝搬力はないが、「階層社会」という言い方もされるようになった。

資本主義はもともと経営者や大株主に代表される資本家階級と、自己の労働力を販売して賃金を得て生活している労働者階級とで構成される階級社会である。しかし、労働者階級を一括りにせず、その内部における職業、雇用形態、賃金、学歴などの違いに着目するならば、資本主義社会は階層社会でもある。社会をトータルに見ると、雇用労働者ではない農民や自営業者やその家族従業員もいるが、雇用労働者にかぎってもその内部には、経済的・社会的地位における階層性があることを無視できない。

戦後の低所得層

日本における資本主義の発達は、底辺に広範な低賃金労働者を抱えた階層社会の発達でもあった。第1章でみた『職工事情』の工場調査は一九〇一（明治三四）年に実施された。それはこの時期にすでに産業革命期の資本主義に特徴的な雇用関係と搾取関係が一般化し、過重労働と貧困問題が深刻になっていたからである。

この職工調査には桑田熊蔵（社会政策学会の創設者の一人）や横山源之助らの専門家も協力した。横山が著した『日本の下層社会』は、明治中ごろにおける職工、職人、都市貧民、小作人の状態を実態調査にもとづいて描いた古典として知られている。最下層の貧民のなかには娼婦、屑《くず》拾い、乞食などもいた（紀田順一郎『東京の下層社会』）。

戦後の代表的な貧困研究としては、江口英一『現代の「低所得層」』が知られている。これは、戦後日本の貧困問題を、「社会階層」の概念を踏まえ、「低所得層」に照明を当てて考察した大著である。その方法は、戦前とは異なって社会保障制度、とりわけ生活保護制度があるもとで、広範なワーキングプアが存在していることに注目し、現代的貧困の特徴として、低所得層の存在（「階層性」）、生活水準の低さ（「低位性」）、存在の見えにくさ（「隠蔽性」）、絶えざる再生産（「長期・固定性」）などを強調している点で、今日でも学ぶべきところが多い。

アメリカの貧困をえぐったデイヴィッド・シプラー『ワーキング・プア――アメリカの下層社会』の原書が出たのは二〇〇四年二月であったが、当時、日本では「ワーキングプア」という言葉はほとんど使われていなかった。ところが、〇六年以降、この言葉は「格差社会」が注目を集めるなかで、労働市場の底辺にいる驚くほど多数の働く貧困層を表す言葉として広く語られるようになった。

しかし、正確に言えば、それより三〇年以上前に江口は、現代日本におけるワーキングプアについて注目すべき研究を行っていた。彼は先の大著で「働く貧困層」――彼の言葉では「働いている生活困窮者」――を「ワーキングプア」と呼んだだけではない。彼はイギリスの貧困研究から、「欠乏」や「困窮」をより深く「あるべきものがない状態」ととらえるために「剝奪」(deprivation, デプリベーション)という概念をとりいれて、日本の貧困研究を深め、そうすることによってこの国におけるワーキングプアの存在を「発見」した。

江口はデプリベーションを「いわゆる〝人なみの生活条件〟が剝奪され充たされないでいる状態」「一般に当然みとめられている条件や基準からみて遠ざけられている状態」「したがって社会参加不可能の状態におかれている状況」と解説している(前掲書)。社会的規準からみて見苦しくない状態、あるいはそれが欠ければ人並みとはいえない状態を表すディーセントてもよい。

江口によれば、高度に発達した資本主義社会で生活に困窮する「低所得層」には、労働力（生活保護では稼得能力）を保有している人びとと、保有していない人びとがいる。圧倒的に多いのは、前者の労働力を保有し、現に働いている人びと、すなわちワーキングプアである。資本主義が発達すればするほど、低所得層の中心部分は、不安定就業部面での下層賃金労働者であるワーキングプアによって占められるようになる。この賃金労働者層は、大量にいながら孤立・分散していて、自らをまもる労働組合などの組織をもたない。そのために絶えず過剰供給の状態におかれ、その賃金はいわば底なしに低下する可能性がある。彼らは労働力があるので一般に納税者からは生活保護を受けることを歓迎されない。彼らは世間から労働力のない生活困窮者よりも常に厳しい目で見られる。その結果、この層の生活水準は、生活保護基準よりも低位な水準まで低下しうる法則性をもっている（同書）。

江口の貧困研究は、第1章で取り上げた細井和喜蔵『女工哀史』につながっている。先ごろ、岩波文庫から和喜蔵の妻で『女工哀史』の事実上の共作者であった高井としをの『わたしの「女工哀史」』が出た。和喜蔵が二八歳の若さで亡くなったので二人の共同生活はわずか三年で終わったが、その間、彼女は工場で働いて生活費を稼ぎ、彼は家で原稿を書いたという(中村政則『労働者と農民――日本近代をささえた人々』)。『わたしの「女工哀史」』のなかにも、和喜蔵がとしをに「今日、書いたとこ、これ、どやろな、まちがってへんだろか、これでいいやろか」と意見を求めた行《くだり》がある。

としをは、和喜蔵と死別したあと、労農党の労働組合活動家であった高井信太郎と再婚して、関西に移り住んだ。その夫も一九四六年に亡くなり、彼女は「ニコヨン」(職業安定所の斡旋で失業対策事業で働き、日給二四〇円を支払われる日雇い労働者)をしながら、五人の子どもをかかえて、一九五一年に伊丹市で自由労働組合(伊丹自労)を組織し、三年間委員長を務めた。退任後も日雇い健保の制度化や、教科書無償化など福祉の闘いの先頭に立った(中村、前掲書)。

前述の伊丹自労などの全国組織を「全日自労」という。これは全国の公共職業安定所に登録された日雇い労働者の労働組合である「全日本自由労働組合」の略称である。

先に見た江口の『現代の「低所得層」』では、失業対策事業に携わる全日自労の日雇い労働者による全国的な家計調査が貴重なデータとして利用されている。それらの調査は一九六〇年代から七〇年代にかけて行われたが、『わたしの「女工哀史」』のなかには、一九五五年ころに伊丹自労の三六人の母親たちが三か月間家計簿をつけた話もでてくる。全日自労の家計調査の先鞭をつけたのは、『女工哀史』の思想を継ぐとしをが指導した伊丹自労だったのである。

全日自労の一九七四年の調査結果は、夫婦二人で計算された貧困ラインの最低基準生活費を一三万三〇〇〇円として、都市勤労者世帯全体の消費水準の下から四〇％くらいまでの世帯が、最低基準生活費の示す消費水準に等しいか、それ以下であることを明らかにしている（江口、前掲書）。これは失業対策事業で働く生活困窮者によって組織された全日自労がなければできなかったことである。

非正規労働者比率の上昇と低所得層の増加

「就業構造基本調査」によれば、非正規労働者は、一九八七年から二〇一二年の間に八五〇万人から二〇四〇万人に一二〇〇万人近く増加し、全労働者に占める比率では、一九・七％（男性九・一％、女性三七・一％）から二倍の三八・二％（男性二二・一％、女性五七・五％）に高まった。

こうした非正規労働者の増加は、低賃金労働者の増加と、正規労働者を含む労働者全体の賃金の引き下げをともなうことを通じて、低所得層の増加と中流（中所得）階層の没落を招かざるを得なかった。

図5－2に「就業構造基本調査」から、一九九七年から二〇一二年の間の、労働者の所得階

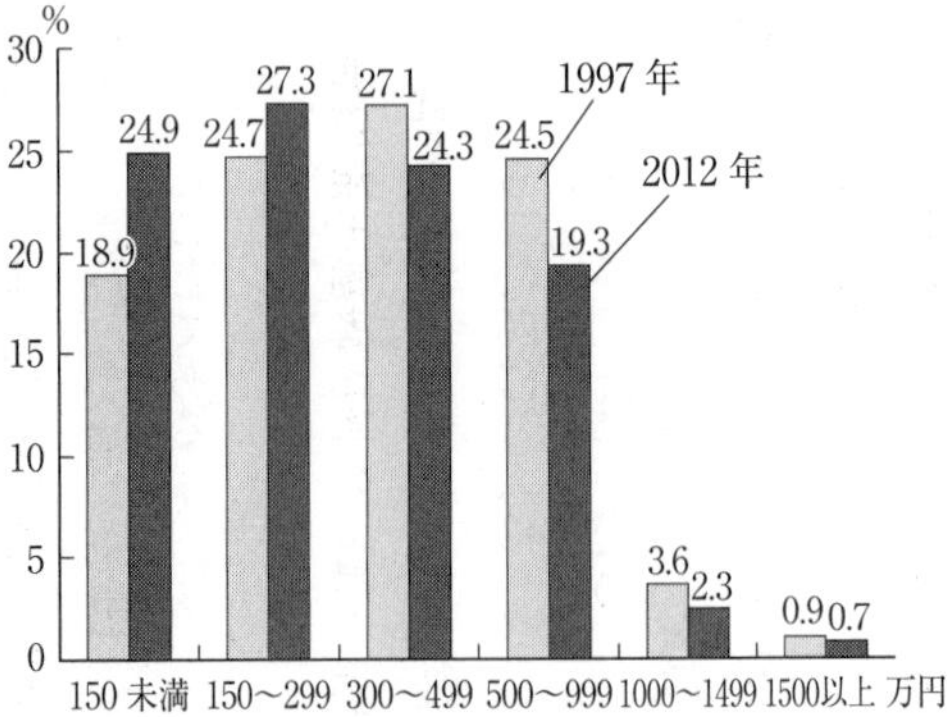

（注 1）会社などの役員を含み，高校・大学などの在学者を除く．
（注 2）所得は過去 1 年間の税込み給与総額．
（出所）総務省「就業構造基本調査」各年版．

図 5-2　年間所得でみた労働者の所得階層別分布

層別割合の変化を示した。見てのとおり年収一五〇万円未満の低所得層が占める割合は、この期間に一八・九％から二四・九％に六ポイント高まっている。また、これも低所得層といってよい一五〇万〜二九九万円の層も、同じ期間に二四・七％から二七・三％に拡大している。二つを合わせると、年収三〇〇万円未満の労働者の全労働者に占める割合は、四三・六％から五二・二％に八・六ポイントも高まっている。つまり、労働者の二人に一人は年収三〇〇万円に満たない時代がやってきたのである。一〇年以上前に森永卓郎の『年収三〇〇万円時代を生き抜く経済学』が話題を呼んだが、いまでは、「年収三〇〇万円時代」の到来は、将来の予想ではなく、過半数の労働者にとって否定できない現実になっていると言わなければならない。

他方、同じ期間に、中流の下層といってよい年収三〇〇万〜四九九万円の層の割合は、二七・一%から二四・三%に、また中流の上層と見なすことができる年収五〇〇万〜九九九万円の層の割合は、二四・五%から一九・三%にそれぞれ大きく低下している。

では高所得層はどうか。格差社会化が進んでいるといわれるからには、高所得層は所得を増加させているに違いない思う人がいるかもしれない。しかし、前出の図5-2に示されているように、年収一〇〇〇万〜一四九九万円の層は三・六%から二・三%へ、また年収一五〇〇万円以上の層は〇・九%から〇・七%へ、縮小している。

このように見てくると、現代日本においては労働者階級の階層分解は、労働所得に関する限り、単純な二極分化(下層の貧困化と上層の富裕化)というより、低所得層の拡大と貧困化、中所得層の没落、高所得層の縮小をともなっていることに注意する必要がある。

ところで年齢別に見ると、非正規労働者比率がとくに高いのは、一五歳から二四歳の若者と五五歳以上の中高年である。図5-3から明らかなとおり、若年労働者の非正規比率はこの四半世紀のあいだに驚くほど高まり、序章でも述べたようにいまではこの年齢層の二人に一人は非正規労働者になっている。今日では若者の非正規比率は他の年齢層より高いということが常識になっているが、一九八〇年代後半までさかのぼれば、若者の非正規比率は全年齢層の平均より低かったのである。

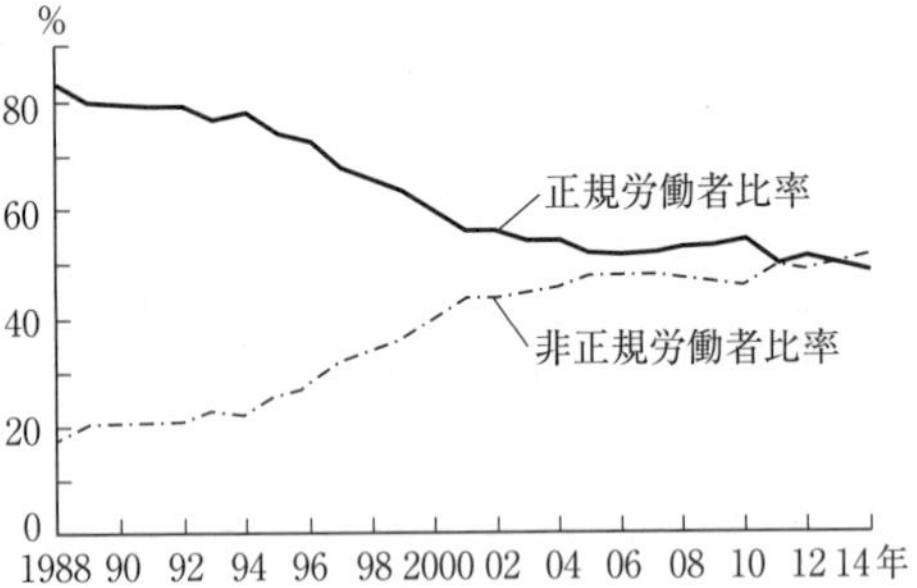

（出所）2001年以前は総務省「労働力調査（特別調査）」2月平均，2002年以降は総務省「労働力調査（詳細集計）」1～3月平均．

図5-3　15～24歳の若年労働者の非正規率の推移

若者の非正規比率の急激な上昇の背景には、高校生や大学生のアルバイト従事者の増加があり、またサービス業や流通業を中心とするアルバイト依存産業の膨張がある。最近では授業料その他の学生生活費がかさむ一方で、保護者の家計収入が減少し仕送り能力が低下しているもとで、多くの学生にとって、アルバイトは小遣い稼ぎではなくなってきている。二〇一四年一～三月の「労働力調査（詳細集計）」で見ると、高校・短大・大学・大学院などに在学中の就業者は約一二八万人を数える。これは全年齢のパート・アルバイト総数の一割弱、一五～二四歳の雇用者総数の三割弱にあたる。同一区分による調査ではないので厳密な比較はできないが、八七年の「就業構造基本調査」では在学中のアルバイト従事者は五二万人であった。これと比べると、この四半世紀にいかに大きな増加があったかがわかる。

在学中のパート・アルバイトを含む若年非正規労働者が増えるなかで、図5－4に示したよ

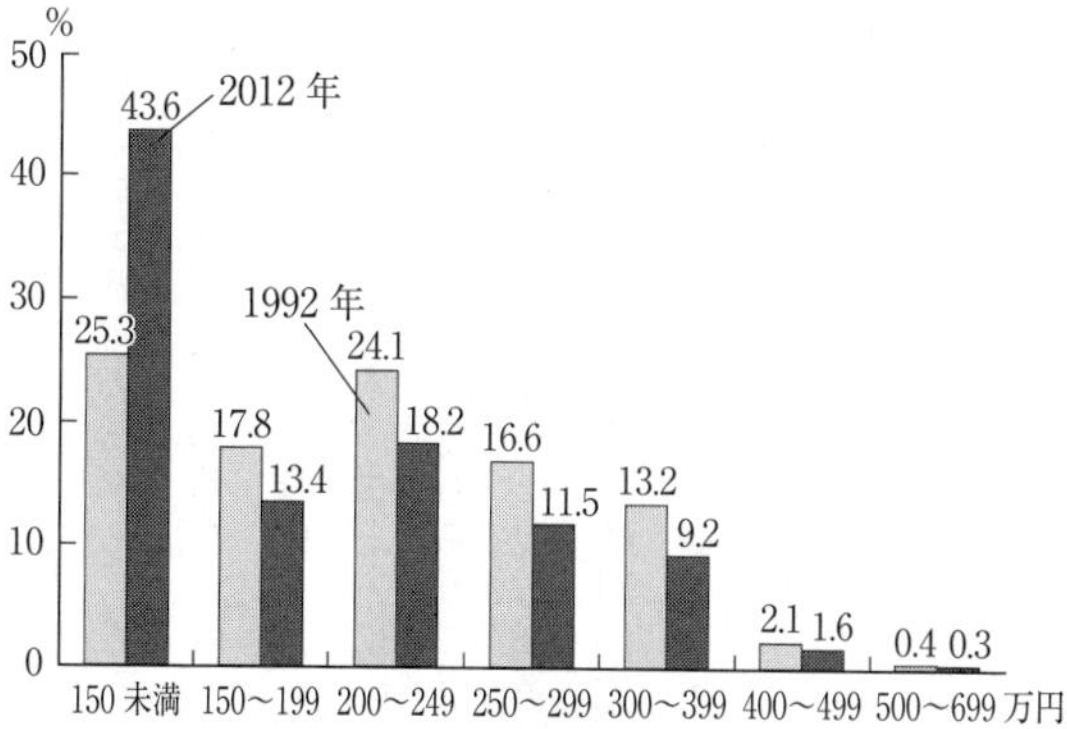

（注）高校・大学などの在学者を除く.
（出所）総務省「就業構造基本調査」各年版.

図 5-4　15〜24 歳の若年労働者の労働所得分布

うに、近年、一五〜二四歳の若年労働者の所得が目立って低下し、若年層に低賃金労働者が占める割合が著しく高まってきた。若年層では労働所得の分水嶺は年収一五〇万円未満層とそれ以上の所得階層のあいだにある。「就業構造基本調査」で見ると、年収一五〇万円未満層は一九九二年には高校・大学などの在学者を除く全若年労働者の二五・三％であったが、二〇一二年には四三・六％に高まっている。逆に年収一五〇万円以上ではどの所得階層もこの二〇年間にそれぞれのシェアを大きく低下させている。

現代日本のワーキングプア

さきに戦後の低所得層に触れた箇所でワーキングプアを主題にしたシプラーの本を取り上げた。シプラーがいうように、ワーキングプアという言葉は矛盾した表現である。この人びとは勤勉に働いているのに基本的な生活の必要さえ満たせないでいる。「稼ぐに追いつく貧乏なし」という諺《ことわざ》は精出して働けば貧乏に苦しむことはないという意味であるが、ワーキングプアの暮らしは働けど働けど楽にならない。たいてい低時給で短時間の細切れ雇用であるために、労働所得は貧困から抜け出し生活を改善するにはあまりに乏しい。非正規労働者のなかには、勤め先で社会保険が適用されておらず、国民健康保険料を滞納して保険証がなく、まともに医療を受けられない人びともいる。また、たとえ保険証をもっていても、医者に診てもらうにはその日の就労を諦めねばならず、たちまち生活費に事欠くことになる。そういう非正規労働者は、適切な医療からも遠ざけられている。

アメリカでは、連邦政府が生活の基本的ニーズを満たすために最低限必要な収入を示す「貧困ライン」を設定している。アメリカの国勢調査局によれば、二〇一二年現在、約三一〇〇万人、総人口の一五％の人びとが貧困ライン——四人家族の場合は年収二万三〇五〇ドル(一ドル一二〇円とすれば二七七万円)以下の生活をしていた。

河上肇の『貧乏物語』では貧困ラインにあたる言葉は「貧乏線」である。河上は冒頭で「驚くべきは現時の文明国に於ける多数人の貧乏である」と述べている。当時に比べると現代はましになったと言えなくはない。しかし、今日でも、往時について河上が言うように、「国は著しく富めるも、民は甚しく貧し」である。ただし、国の財政は赤字で巨額の累積債務を抱えている一方、大企業は内部留保を溜め込んでいることを考えると、「大企業は著しく富めるも、民は甚しく貧し」と言い直すべきかもしれない。いずれにせよ、多様な商品が溢れる現代において貧困であることは、むしろ全般に物資が少なかった昔の貧乏よりもさらに耐え難い面がある。

貧困ラインは所得が基準になっているが、所得だけをもって貧困の単一の物差しとすることはできない。労働者の所得は賃金に依存しているが、岩田正美が『現代の貧困』で指摘しているように、貧困は低賃金だけでなく、低学歴、失業、離婚、債務、無貯蓄、高家賃、病気、家族の崩壊など多様な要因から生まれる。子どもの貧困の場合は、親の経済状態が決定的に影響する。湯浅誠『反貧困――「すべり台社会」からの脱出』によれば、貧困は労働と生活に襲いかかる困難を和らげる「溜め」がない状態をも意味する。当座のお金がない。頼れる家族・親族・友人がいない。身元引受人や連帯保証人を引き受けてくれる人がいない。結局、「溜め」がなければ立ち直ることも難しい。税制や社会保障を通じた所得再分配の仕組みも、広い意味で貧困を改善するための社会的な「溜め」の役割を果たすことができる。それさえも現在の日本では十分に備わっていない。

表5-1　年収200万円未満に占める非正規労働者の実数と割合

（万人，%）

	1997年		2012年	
	年収200万円未満の労働者	うち非正規労働者	年収200万円未満の労働者	うち非正規労働者
男女計	1383(25.7)	978(70.7)	1822(32.9)	1497(82.2)
男　性	287(8.8)	166(57.7)	473(15.2)	354(74.8)
女　性	1096(51.5)	812(74.2)	1348(55.6)	1141(84.6)

（注）会社などの役員を含み，在学者を除く．
（出所）総務省「就業構造基本調査」各年版．

このように貧困は一定額の年収によって線引きができるほど単純なものではない。とはいえ、便宜的に年収二〇〇万円未満の低所得層をワーキングプアと呼ぶことがある。「就業構造基本調査」で見ると、表5－1のように、一九九七年から二〇一二年の間に、年収二〇〇万円未満の労働者は一三八三万人（全労働者の二五・七％）から一八二二万人（三二・九％）に増えている。うち非正規労働者は九七八万人（年収二〇〇万円未満の労働者の七〇・七％）から一四九七万人（八二・二％）に増えている。

性別に見ると、二〇一二年に、男性では年収二〇〇万円未満の労働者が四七三万人おり、うち三五四万人（七四・八％）が非正規労働者である。女性では年収二〇〇万円未満の労働者が一三四八万人おり、うち一一四一万人（八四・六％）が非正規労働者である。

生活保護を受けられる世帯収入（月額）の目安となる基準は、居住地、年齢、家族構成、児童・生徒の有無、就業状態などによって異なる。保護の種類は、生活扶助と教育扶助、住宅扶助、医療扶助、介護扶助、出産扶助、生業扶助(仕事に就く際の支度費や技能を身につけるための費用)、葬祭扶助の八つに分かれていて、複雑な仕組みになっている。したがって、厚生労働省の定める生活保護の基準額や最低生活費から貧困世帯数を算定することはむずかしい。

国家公務員の給与などを勧告する人事院は、一人世帯については総務省「全国消費実態調査」、二人以上の世帯については同「家計調査」をもとにして、毎年四月における世帯人員別の標準生計費を算定している。二〇一五年は、一人世帯が一一万四七二〇円、二人世帯が一五万八八九〇円、三人世帯が一八万七一二〇円、四人世帯が二一万五三五〇円であった。これは生活保護基準にきわめて近く、最低生活費と見なすことができる。

これを参考に四人世帯の標準生計費の年額に近い二五〇万円を第一の貧困ライン、三人世帯の標準生計費の年額に近い二〇〇万円を第二の貧困ラインとして、二〇一二年「就業構造基本調査」の有業者世帯のデータと突き合わせると、第一の貧困ラインでは七一九万世帯(二九%)、第二の貧困ラインでは五一七万世帯(二一%)が貧困状態におかれていることになる。有業者が雇用労働者である世帯をとると、貧困世帯の割合はそれぞれ五〇四万世帯(二四%)、三四一万世帯(一六%)となってやや低下する。それでも四世帯中の一世帯ないしは六世帯中の一世帯は貧困であるという推計結果になって、河上肇をまねれば、「驚くべきは現時の日本における多数世帯の貧困である」といわなければならない。

潤う大企業と株主・役員

私はリーマンショック後におこった製造業の大不況の直後に「株主資本主義と派遣切り」という論文を書いた。一九八〇年代半ば以降の雇用の非正規化にともなう派遣労働者の増加や、リーマンショックにおける製造業を中心とした派遣労働者の大量の契約打ち切りの背景を理解するには、株主資本主義の台頭を見ておく必要があると考えたからである。

その論文の冒頭でも述べたように、この四半世紀のあいだに、世界の株式市場では、年金基金、投資信託会社、生命保険会社などの機関投資家のシェアが高まり、持ち株比率が高く保有期間の長い機関株主が企業経営に大きな影響力をもつようになってきた。またそれとともに、高利回りをうたい文句に投資家から巨額の資金を集め投機的に運用するヘッジファンドやアクティビストファンドなどの投資ファンドが勢いを増し、投資先企業の経営への関与を強めるようになってきた。この二つの動きが相まって、会社の支配権が経営者から株主へ移行し、株主の復権といわれる事態が出現した。

株主資本主義は、配当の増加や株価の上昇を意図して、企業に対してコスト削減による利潤の増大を求める。そのためにリストラや、賃金の切り下げや、労働時間の延長などを促す傾向がある。実際、近年の株式市場は、コスト削減効果による短期的な業績回復や増益を見込んで大規模なリストラを歓迎してきた。その圧力を受けて、大企業は、アメリカでも日本でも、競うように人減らしを進め、賃金や福利厚生の切り下げを進める一方、配当や内部留保や役員報酬を増やしてきた。近年の日本の大企業における正社員の絞り込みと非正規労働者の増大も、こうした株主資本主義の台頭と無関係ではない。

規制改革の旗手であった、オリックス元会長の宮内義彦は、著書の『経営論』で、「日本の企業経営にいま求められているのは、一言でいえば「アメリカに向かって走れ」ということではないでしょうか」と提起し、「これからの企業は株式市場に評価される「株主資本主義の勝者」を目指さなければなりません。そのための企業の経営改革が必要です」と言明している。また、宮内は、株主資本主義においては、経営者は「株主の利益を最大化することを目的」に企業経営に当たらなければならないとして、次のように言う。

あまり働かない従業員や過剰となった人々まで雇用し続けることも、株主資本主義ではあり得ないことです。そうした従業員がいないほうが人件費や経費が減り、その分だけ利益が増えます。ですから株価にもよい影響を与えます。つまり、そうした従業員を雇い続ければ、株主は実質的に損をすることになります。

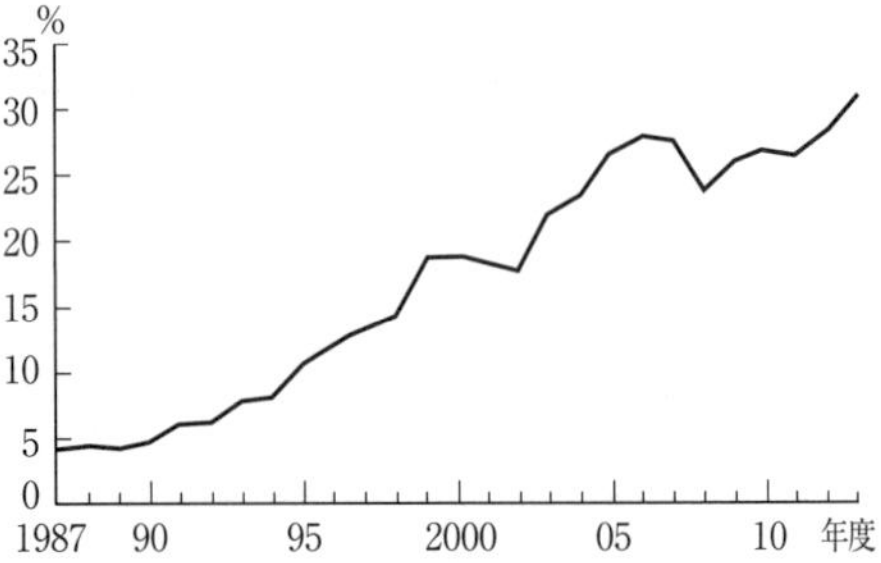

（注）市場価格ベースの保有比率による.
（出所）東京証券取引所「2013 年度株式分布状況調査」.

図 5-5　外国人株式保有比率の推移

近年の日本における株主資本主義の台頭は、海外機関投資家を中心とする外国人株主のシェアの急激な拡大によって後押しされてきた。図5‐5に示したように、日本企業における外国人の株式保有比率は、一九八〇年代後半には五％にも満たなかったが、九〇年代以降急激に高まり、最近では三〇％を超えるまでになってきた。株式売買のシェアはもっと高く、海外投資家の売買は証券会社などの自己取引を除く売買総額の七割を占めるまでになっている。

労働者が年々生み出す付加価値は賃金（人件費）と利潤（内部留保、配当、利子、役員報酬など）とに分かれる。株主資本主義のもとでは、内部留保、配当、役員報酬は増えても、賃金の支払いに充てられる部分は抑えられる傾向がある。

図5－6に、「法人企業統計調査」から一九八七年度から二〇一三年度までの一人当たり役員報酬の推移を示した。これを見ると、金融・保険業を除く資本金一〇億円以上の大企業においては、バブル崩壊から日本経済が深刻な不況に突入した九〇年代においても役員報酬は振幅を挟みながらも緩やかな増加傾向をたどり、二〇〇三年から二〇〇七年にかけて急勾配に跳ね上がった後、リーマンショックで急減し、最近では再び増加に転じている。

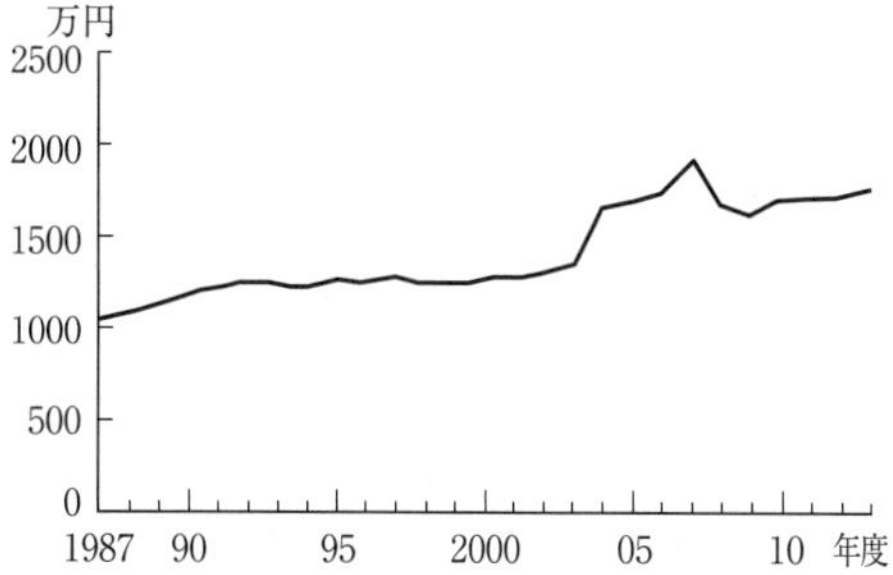

（注）資本金10億円以上の企業の役員報酬．金融・保険業を除く．
（出所）財務省「法人企業統計調査」の時系列データ．

図5-6　1人当たり役員報酬の推移

大企業の役員報酬は、会長・社長クラスで三〇〇〇万円前後、専務・常務取締役クラスで二〇〇〇万円前後、ヒラ取締役で一五〇〇万円前後であることが多いが、最近では億単位の高額報酬を得る役員も増えている。東洋経済新報社の『役員四季報』によれば、二〇一三年五月から一四年四月に一億円を超える役員報酬(ストックオプションを含む)を得た役員は四四三人を数える。トップは、巨額の退職慰労金が支給されて一二億九二〇〇万円を手にしたキョウデン前会長の橋本浩であった。全体で一〇億円超の役員が五人いた(「東洋経済ONLINE」「〝年収一億円超〟の上場企業役員　四四三人リスト」二〇一五年三月一八日)。二〇一五年三月期決算の企業で役員報酬が目立って高かったのはソフトバンクのロナルド・フィッシャー取締役の一七億九一〇〇万円であった。その後継者で同年五月に副社長に就任したニケシュ・アローラにはアメリカの大企業並みの一六五億円あまりの報酬を支払ったとも伝えられている。これも日本企業がアメリカに向かって走った結果である。

他方、従業員の賃金は、この間、景気拡大が続いた時期も抑え込まれてきた。前出の「法人企業統計調査」によれば、資本金一〇億円以上の企業の一人当たり年間給与は、二〇〇一年度の六一二万円からリーマンショックを挟んで〇九年度の五三八万円まで下落し、その後、五五〇万円前後で低迷している。また、中小企業を含む全企業の従業員の一人当たり年間給与は、九七年度の三九一万円をピークに減少に転じ、最近まで三五〇万〜三六〇万円で推移している。

資本金一〇〇〇万円未満の零細企業の従業員の年間給与は、この二五年間に二六〇万円台から二一〇万円台のあいだにあって(最高は一九九三年度の二六七万円、最低は二〇一〇年度の二一三万円)、ずっと低水準から抜け出せないでいる。なお、零細企業の従業員数は同じ期間に一一〇〇万人から七五〇〇万人に、全企業の従業員総数に占める割合でも三割強から二割弱にそれぞれ減少した。

内部留保は「法人企業統計調査」では利益剰余金と企業内に蓄えられた各種の引当金や準備金の合計とされているが、内部留保の最大部分をなすのは利益剰余金である。図５－７に示したように、全産業(金融・保険業を除く)の利益剰余金は、一九九八年度から二〇一三年度の一五年間に一三一兆円から三二八兆円に増えた。注目されるのは、リーマンショック後も大きく落ち込むことなく、むしろ傾向線で見るなら増加し続けていることである。

企業の利潤から株主に支払われる配当の推移は、利益剰余金の推移とはやや異なる。配当金額は、図５－８に見るように一九九七年度の四兆円から二〇〇六年度の一六兆円に増え、その後、リーマンショックを挟んで一〇年度には一〇兆円まで減少したが、ここ数年は再び増勢に転じ、一三年度には一四兆円になっている。

図５－７と図５－８の起点を一九九七年度に取ったのは、次節でも見るように労働者の賃金と家計所得は九七年(または年度)まで概ね増加ないし上昇してきたが、九八年以降は減少ないし下落してきたからである。振り返れば、日本の大企業は、九〇年代初めのバブル崩壊後、正

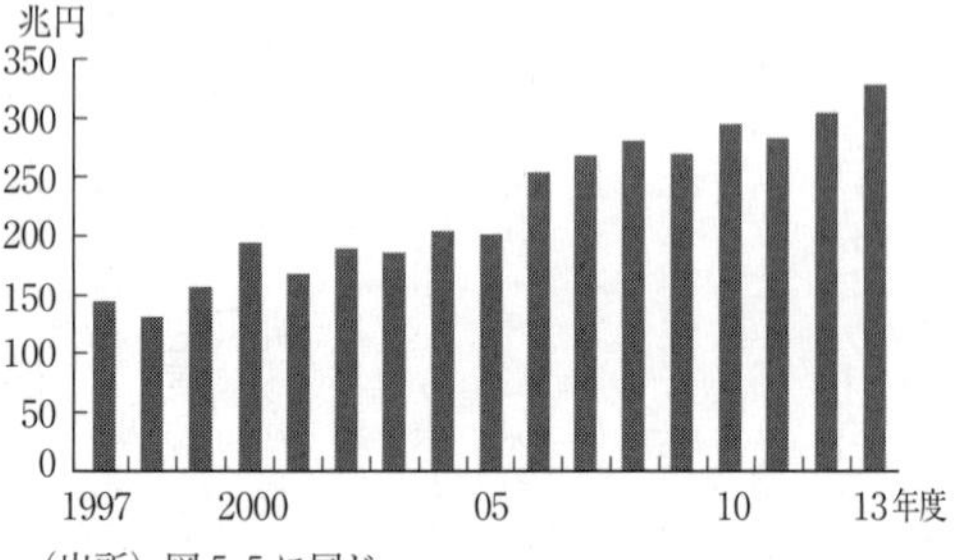

（出所） 図 5-5 に同じ.

図 5-7　全法人企業（全産業）の利益剰余金の推移

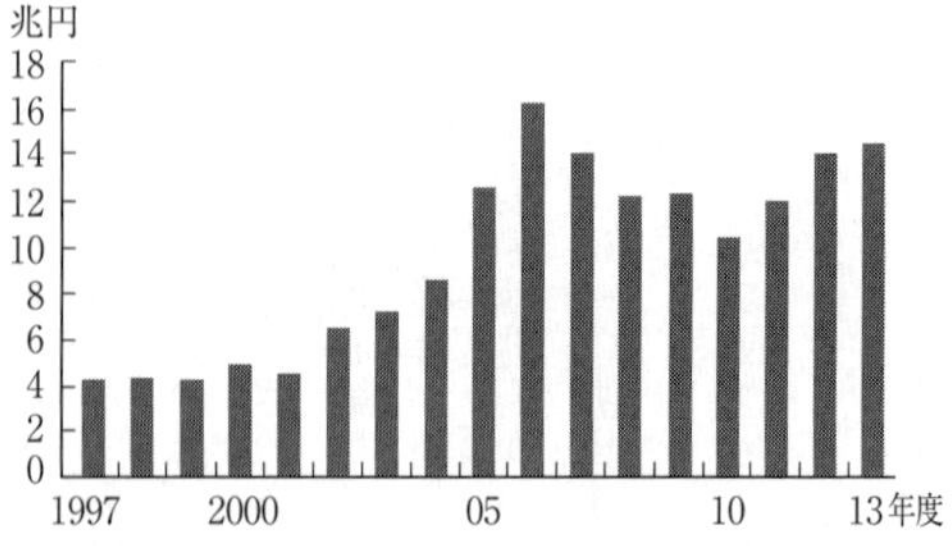

（出所） 図 5-5 に同じ.

図 5-8　全法人企業（全産業）の配当の推移

社員の絞り込みと非正社員への置き換えの歩を速め、とくに消費税率の引き上げによる消費の落ち込みと金融危機が重なって不況が深刻化した九〇年代末からは、大企業は株主資本主義の圧力のもとで波状的にリストラを繰り返してきた。そのなかで非正規労働者の増加と低賃金化が一段と進んだだけでなく、正規労働者のあいだでも、賃金や福利厚生費の削減が図られてきた。

労働所得の低下に関するいくつかの資料

すでに述べたように、この四半世紀を見ると、労働所得は一九九七年をピークとして、九八年以降減少してきた。そのことを裏づけるためにも、いくつかの追加的統計資料を用いて、近年における労働所得の推移を見ておこう。

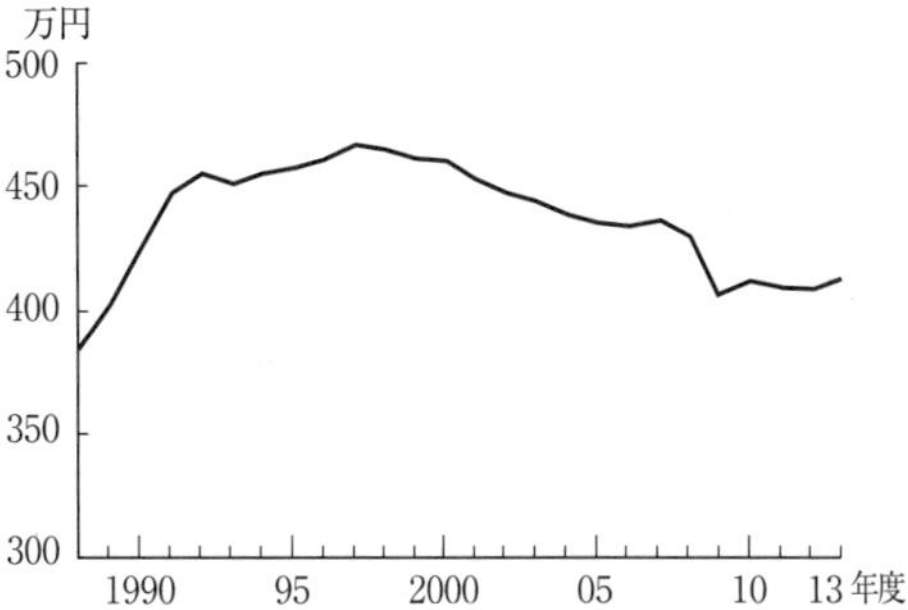

（注）1年を通じて勤務した給与所得者の1人当たりの平均給与を示す.

（出所）国税庁「民間給与実態調査」長期時系列データ.

図 5-9　民間給与取得者の年間平均賃金の推移

図5-9は国税庁「民間給与実態調査」の時系列データから作成した。これを実数で補えば、「一年を通じて勤務した給与所得者の一人当たりの平均給与(年間)」は、一九八八年の三八五万円から一九九七年の四六七万円まで上昇した。しかし、九八年以降は目に見えて低下していき、〇八年と〇九年はリーマンショック不況の影響で突然のように落ち込み、四〇六万円にまで下がり、それ以降も低迷している。

なお、二〇一二年分から正規・非正規別および性別の平均給与が示されるようになった。それによると一年を通じて勤務した給与所得者の一人当たりの平均給与は、一二年現在、正規が四六八万円(男性五二二万円、女性三五〇万円）、非正規が一六八万円（男性二二六万円、女性一四四万円）となっている。通年勤務でない非正規の平均年収はもっと低いものと推定される。

GDP(国内総生産)というおなじみの経済成長の物差しがある。その元になっている内閣府の「国民経済計算」という統計で、一九九七年から二〇一三年までの推移を見ると、名目GDPは五二三兆円から四八〇兆円に四三兆円も落ち込んでいる。リーマンショック直後の〇九年では落ち込み幅は五二兆円に達した。先進国でこれほどGDPが低落した国は他にはないというより名目GDPが長期に減少し続けた国は日本だけである。

「国民経済計算」には雇用者報酬(生産活動から生じた付加価値のうち、雇用者に分配された部分、全雇用者の賃金とボーナスに退職一時金と福利厚生費を合わせた額)の統計もある。それによれば、雇用者報酬の名目値は、図5-10のとおり、一九九七年から二〇〇九年まで下がり続けた。実数では、九七年には二七八兆円あったのに、〇九年には二四三兆円になり、わずか一二年間に三五兆円も落ち込んでいる。その後はやや増加しているとはいえ、いまなお回復にはほど遠い。

厚労省「毎月勤労統計調査」の労働者の平均賃金(年収)は、一九九七年から二〇一三年の間に、三七二万円から三一四万円になり、一人当たり五八万円も低下している。これは男女を合わせたパート込みの従業員数が五人以上の事業所についての数値である。この場合、九七年の平均賃金を一〇〇とすれば一三年の賃金は八四になる。

名目賃金が長期に下がり続けてきたのは主要先進国のなかでは日本だけである。それを示すためにOECDの平均賃金に関する統計データから図5－11を作成した。一九九七年を一〇〇とすると、二〇一三年は　韓国二〇九、イギリス一七〇、カナダ一六五、アメリカ一六三、フランス一四九、イタリア一四四、ドイツ一三三、日本八八となっていて、日本だけが長期に下がり続けている。

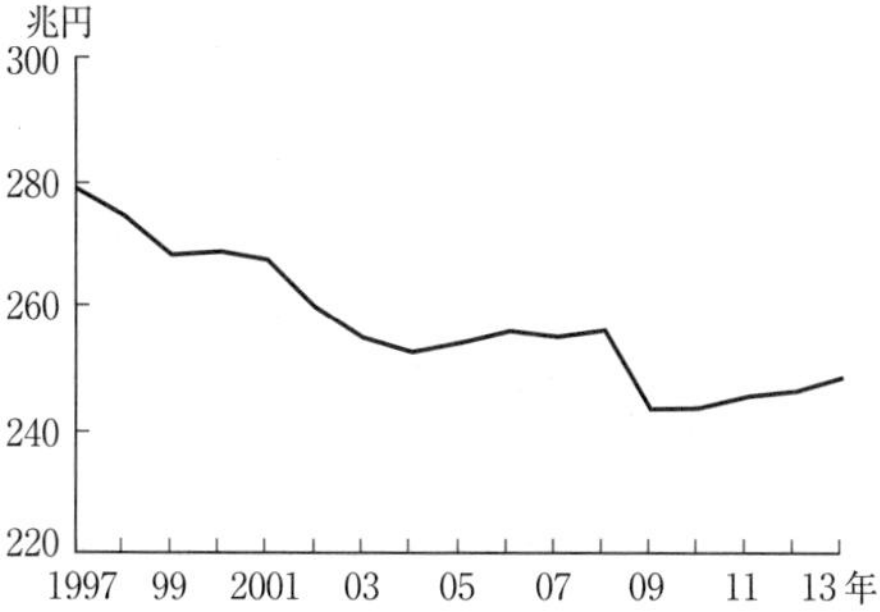

（出所）内閣府「国民経済計算」III 雇用者報酬.

図5-10　雇用者報酬の推移

いまでは日本の長期にわたるデフレの原因が、賃金の長期的下落にあることは政府も認めるところとなっている。デフレ下では名目賃金の低下がただちに実質賃金の低下を招くとはかぎらない。しかし、政府がデフレ脱却を政策の中心課題に掲げ、円安環境のもとで「大胆な金融緩和」を行って、インフレ誘発政策を進め、消費税率を五％から八％に引き上げた結果、最近では実質賃金が低下する事態さえ生じている。「毎月勤労統計調査」の二〇一五年四月の確報によると、実際、実質賃金指数は一三年五月から二四

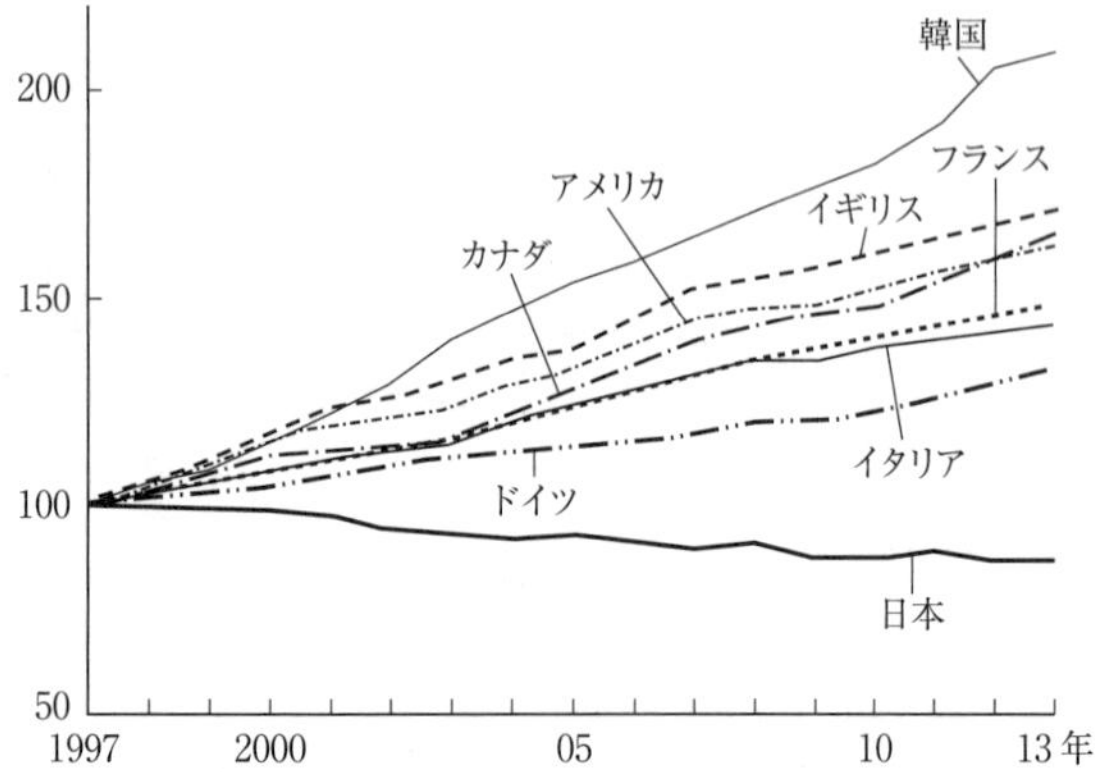

（注）平均賃金は各国通貨で表した１人当たり平均年間名目賃金．
（出所）*OECD Average annual wages*, 2013.

図 5-11　主要先進諸国の平均賃金の推移

か月連続の前年同月比マイナスであった。とくに消費増税があった一四年四月以降の落ち込みが大きい。

あれやこれやで、家計はここ数十年では例をみないほど窮迫している。厚生労働省「国民生活基礎調査」によると、一世帯当たり年間平均所得は一九九七年の六五八万円から二〇一二年の五三七万円に一二一万円も低下した。世帯類型別に見ると、一二年には高齢者世帯は三〇九万円、母子世帯は二四三万円である。参考までに内閣府「国民経済計算」によると、九七年度に八％であった家計貯蓄率は、一二年度には〇・八％に下がっている。一三年の「国民生活基礎調査」によると、全世帯中、前年と比べて貯蓄が増えた世帯は一一・三％、減った世帯は四一・三％で、減った理由でもっとも高いのは「日常の生活費への支出」であった。終戦直後に手持ちの衣類などを売って食いつなぐ暮らし方を「タケノコ生活」といったが、預金を取り崩して生活費をまかなういまの暮らしも「タケノコ生活」といえなくはない。

第6章　政府は貧困の改善を怠った

政府は雇用の身分化を進めた

第2章で述べたように、一九八五年に成立した労働者派遣法は、雇用政策を「雇用形態の多様化」戦略に切り替える転轍機の役割を果たした。それは雇用の非正規化と身分化の新たな出発点でもあった。パートタイム労働者の拡大に拍車がかかったのは七〇年代半ばであるが、パートの拡大だけであれば多様化といわなかったものが、派遣の合法化が多様化の堰を切ったのである。その後、パートや派遣に限らず多様な形態の非正規労働者が以前にもまして急増するようになったのは九〇年代半ば以降である。

一九九五年には第2章でも触れた日経連の『新時代の「日本的経営」』が出た。一九九九年には、小渕恵三内閣のもとで設けられた経済戦略会議の答申「日本経済再生への戦略」が発表された。それは、金融と雇用の両面で危機に瀕した日本的経営の立て直しのモデルを、株主資本主義の母国であるアメリカに求めて、従来の「過度な規制・保護をベースとした行き過ぎた平等社会」に決別し、「個々人の自己責任と自助努力」をベースとしたアメリカ型の格差社会に転換することを求めていた。政府が財界の意向を受けて打ち出したこの戦略も、雇用・労働分野の規制緩和を進めて雇用形態の多様化を後押しし、雇用の非正規化と身分化を促すものであった。

この過程で見過ごせないのは雇用・労働政策をめぐる政府サイドの議論において、働き方の「個別性」「自律性」が強調されてきたことである。たとえば一九九八年版『労働白書』は、「中長期的に見た働き方と生活の変化」を考察し、若年層、女性中年層および男性高年層で「就業〔雇用〕形態の多様化」が顕著であり、とくに若年層ではフリーター就業化が進んでいることを確認し、正規労働者についても、「働き方の個別化」と「個人の自律性重視」の流れが強まっているという。こうした議論においては、情報化、サービス化などの進展により「従来の集団的な仕事の進め方から個人の能力発揮を中心に据えた仕事の進め方に変化していく」ことが避けられず、「集団的な人事管理、年功的賃金、協調的な仕事の進め方などの働き方自体については、労働者の個別性、自律性を重視し、多様な選択肢のある仕組みに変えていくことが重要になる」と考えられている。

いまひとつ無視できないことに、政府は政策立案にあたって、各種の審議会や諮問委員会をある種の「議会」のように位置づけ、そこに「民間議員」として経済界を代表する大企業のトップを入れ、成長戦略などの経済戦略を策定してきた。その際の議論に特徴的なことは、経済界で重きをなす特定の産業や企業の利益が優先されて、一国全体の環境や福祉や雇用などのあり方について大所高所からの議論が後回しにされてきたことである。その背後では大企業がカネの力で特定の政党や政治家を支援し、政策を誘導する政治献金が根を張ってきた。

雇用形態の多様化は産業構造あるいは就業構造の変化によって促されてきたという見方もある。たしかに、スーパー、コンビニなどの小売・流通業従事者や、ファーストフード、外食などの飲食サービス業従事者の増加は、パート・アルバイトなどの短時間労働者の増加をもたらさずにはおかなかった。しかし、雇用形態の多様化は、程度の差はあるにせよ、製造業、金融・保険、医療・福祉・介護・保育、学術・教育の諸分野でも進んでいる。したがって、雇用形態の多様化を産業構造や就業構造の変化だけから説明することはできない。

また雇用形態の多様化は、働く人びとのライフスタイルや価値観が変化して就業ニーズが多様化した結果であるかのように言う論者もいる。しかし、多様化を要求してきたのは労働者ではなく経営者であり、それを政治的・政策的に後押ししてきた政府である。

雇用形態の多様化の最大の狙いは、人件費の削減と労働市場の流動化（ないしは雇用の弾力化）であった。そのためには、企業は雇用期間の定めのない正社員を、雇用期間の定めがある非正社員に置き換えることによって、可能なかぎり雇用の有期化を図る必要があった。

図６－１に示したように、こうした雇用の有期化は、パート、アルバイト、契約社員、嘱託

などの増加である場合は、当該企業の直接雇用＝内部雇用のかたちをとった非正規雇用への転換・移行である。これと違って、派遣や出向（客先常駐を含む）や請負や業務委託（アウトソーシング）を利用する場合は、雇用の非正規化は同時に間接雇用＝外部雇用のかたちをとる。アメリカでインディペンデント・コントラクターと呼ばれる個人請負は、形式から見れば雇い主ではない企業が雇用関係のない個人事業主を装った労働者を使用する点で、雇用の一形態ではなく、むしろ「偽装雇用」というべきである。

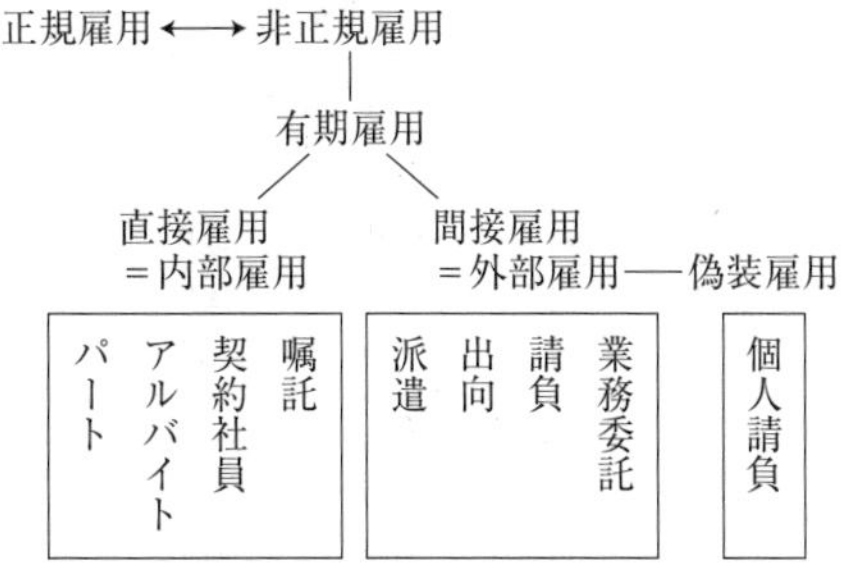

（注1）契約社員は工場においては期間工を含む.
（注2）嘱託は定年退職後の再雇用者.
（注3）出向元の企業に在籍している出向者は派遣に近く，外部雇用に区分した.

図6-1　非正規化の類型から見た雇用形態の区分

　雇用の非正規化によって多様化した雇用形態が、賃金や処遇における正規労働者との格差をともなって階層化してくると、まずは正規雇用者（正社員）と非正規雇用者（非正社員）のあいだで、次にはあれこれの非正規雇用者の内部で、所得の高低や労働条件の良し悪しや仕事の満足度に応じて、各雇用形態がある種の身分として観念されるようになり、雇用身分間に社会的序列のようなものが作り出される。そうして成立したのが雇用身分社会である。

表6-1　労働者の年間所得の性別・雇用形態別分布　(%)

		正社員	パート	アルバイト	契約社員	派遣
男性	150万円未満	2.2	60.1	59.1	15.4	25.0
	150万〜299万円	20.5	35.2	35.0	54.0	53.5
	300万〜499万円	36.2	2.9	3.2	24.4	17.5
	500万円以上	40.0	0.6	0.3	5.2	1.6
女性	150万円未満	10.2	83.6	80.1	28.0	35.9
	150万〜299万円	41.6	14.8	17.7	59.9	55.0
	300万〜499万円	32.2	0.6	0.8	9.8	7.3
	500万円以上	15.0	0.1	0.1	1.3	0.2

（出所）総務省「就業構造基本調査」2012年.

雇用が身分化して所得分布が階層化

雇用形態の多様化は雇用の階層化と身分化をもたらした。そのことは雇用形態別の所得分布を見ても明らかである。そこで二〇一二年「就業構造基本調査」から作成した表6-1を参考に、あらためて年収の性別・雇用形態別分布に目を向けよう。

ここでの雇用形態の区分は勤め先の呼称に従っている。この表で見ると、男性では、正社員の八割近くは年収三〇〇万円以上である。女性ではその比率は五割を切っている。同じく正社員でも、男女のあいだには所得の分布に大きな違いがあることを見ておかねばならない。

年収一五〇万円未満の所得階層の割合がきわだって高いのは、女性パートタイム労働者である。女性ではパートもアルバイトも一五〇万円未満層が八割を超えている。女性についてもう少し見ると、一五〇万～二九九万円の層はパートでは約一五％、アルバイトでは約一八％にとどまる。三〇〇万円以上の層はパートもアルバイトも一％にも満たない。

男性ではパートもアルバイトも年収が一五〇万円未満の層はほぼ六割で、一五〇万～二九九万円の層が三五％いる。それでも、男性もパート・アルバイトの大半が低賃金労働者であることには変わりない。

人数比では女性はパート、男性はアルバイトの割合が高い。しかし、たとえばユニクロでは有期雇用で低時給の非正規労働者を「アルバイト」の名で募集している。そもそもパートとアルバイトの使い分けは便宜的なもので、細切れ雇用の低時給労働者という点ではアルバイトはパートタイム労働の別名にほかならず（ドイツ語起源のアルバイトは、古くは学生のパート労働の別名であった）、雇用身分としては、両者は「パート・アルバイト」、あるいは単に「パートタイム労働者」として一括りにすることができる。

厚生労働省「賃金構造基本統計調査」における有期雇用の「短時間労働者」「雇用期間の定め有り」の平均時給は、二〇一四年現在、男性が一一一七円、女性が一〇〇七円で、一一〇円の差がある。注意すべきことにこれは短時間労働者のあいだの男性と女性の時給格差を示すものであって、パートとアルバイトの時給格差を示すものではない。

ここで契約社員について少し説明しておく。経営悪化に苦しむ航空各社が客室乗務員の正社員採用に代えて「契約スチュワーデス」を採用することになり、それが流行語大賞のトップテンに入ったのは一九九四年であった。二〇〇一年には「労働力調査」の調査項目に「嘱託」と合わせて「契約社員」が加えられた。一三年からは「契約社員」が単独に表示されるようになり、実数は三〇〇万人に達しようとしている。航空会社についていえば、ここ数年は客室乗務員の契約社員採用を廃止し、正社員採用に再び切り替えている。

厚労省「就業形態の多様化に関する総合実態調査」では、契約社員は、「特定職種に従事し、専門的能力の発揮を目的として雇用期間を定めて契約する者」と定義されている。しかし、私が聞いた金融業界の事例では、もともとは女性正社員の職域であったオフィスの一般事務および営業事務部門において、比較的若い女性労働者が時給一二五〇〜一五〇〇円で働いていることが多い。

前出の表6－1にもどれば、非正規労働者のなかでは、契約社員は男女とも年収一五〇万〜二九九万円の準低所得層の割合が最多を占める。三〇〇万〜四九九万円の中所得層も男性で二割強、女性で一割弱いる。この点では、契約社員は総じて低賃金労働者であるにしても、非正規労働者のなかではまだしも相対的に時給の「高い」部類である。それだけ、正社員（女性では一般職正社員）の代替として拡大してきた面がある。しかし、雇用保障はなく、有期雇用契約で働く期間社員あるいは準社員でしかない。

派遣という雇用身分の成立については第2章で詳しく述べたのでここで繰り返さない。派遣では年収が一五〇万〜二九九万円の層の割合が契約社員についで高い。これは派遣で供給される人手が「いつでも使い捨て可能なモノ扱い」の労働力であることの代償であって、派遣がパート・アルバイトより恵まれた雇用身分であることを意味しない。

男性の雇用身分別所得格差と結婚

表6－2に「国民生活基礎調査」から、三五歳未満で主に仕事をしている者の二〇一三年現在の雇用身分別一人当たり平均所得（年収）を示した。正規労働者と非正規労働者の所得格差は、男女計では二七二万円対一二六万円（一〇〇対四六）、男性では三一一万円対一五〇万円（一〇〇対四八）、女性では二一一万円対一一四万円（一〇〇対五四）である。非正規労働者をパート・アルバイトに限ると、男女とも正規との所得格差はさらに大きくなる。性別・雇用身分別に見てみると、男性の正規と女性のパート・アルバイトの所得格差は三一一万円対九四万円（一〇〇

表6-2　35歳未満の労働者の1人当たり平均年収（万円）

	配偶者の有無	全労働者	正規労働者	非正規労働者	パート・アルバイト	その他
男女計		235	272	126	101	167
	配偶者あり	355	394	149	99	235
	配偶者なし	181	207	121	102	151
男性		285	311	150	116	199
	配偶者あり	424	432	284	179	326
	配偶者なし	196	216	130	112	162
女性		176	211	114	94	148
	配偶者あり	204	266	108	90	159
	配偶者なし	168	197	115	96	145

（注1）原表ではパートとアルバイトが分離されているがここでは一括した．
（注2）「その他」には，労働者派遣事業所の派遣社員，契約社員，嘱託などを含む．
（出所）厚生労働省「国民生活基礎調査」第1巻第2章第7表，2013年．

対三〇）にもなる。

表6－2で注視すべきは男性の場合は、平均所得は正規労働者では、「配偶者あり」が四三二万円、「配偶者なし」が二一六万円、非正規労働者では「あり」が二八四万円、「なし」が一三〇万円となっていて、配偶者の有無によって所得が二対一の割合で開いていることである。

このことは男性にとっては賃金の高低によって結婚するかしないか、あるいはできるかできないかが大きく左右されることを示唆している。これは賃金が勤続年数に無関係で、昇給がまったくないかほとんどない非正規労働者にとってはとりわけつらい状況を物語る。

表 6-3　25〜39 歳の性別・雇用身分別未婚率　(%)

	雇　用 労働者	正　規 労働者	非正規 労働者	パ ー ト ・ アルバイト	派遣	契約
男性	46.9	42.5	75.9	84.2	74.9	68.6
女性	47.8	56.8	38.0	28.2	61.2	63.8

(注) 在学中のものを除いた卒業者だけのデータから作成した.
(出所) 総務省「就業構造基本調査」第 16 表, 2012 年.

そこで確認のために二〇一二年「就業構造基本調査」から二五歳から三九歳までの若年労働者について、雇用身分別未婚率を算定すると、表６－３に示したように、男性の場合は、正規労働者は四二・五％、非正規労働者は七五・九％が未婚である。非正規のうちではパート・アルバイトの未婚率が八四・二％となっていてもっとも高い。派遣は七四・九％で非正規労働者の平均未婚率とさして変わらない。

男性では、非正規労働者の未婚率は正規労働者の一・八倍である。ところが、女性の正規労働者の未婚率は五六・八％で、非正規労働者の未婚率三八・〇％より逆に二〇ポイント近く高い。雇用身分別に見て女性の未婚率がもっとも低いのは、パート・アルバイトの二八・二％(パートに限れば二〇・一％)である。

これは何を意味するのだろうか。男性の場合は単純に賃金あるいは年収の低いことが結婚を困難にしていると考えられる。ここには男は働いて妻を養うものと思われていて、「男は仕事・女は家庭」

表 6-4　現代日本の相対的貧困率の推移　(年, %)

	1985	88	91	94	97	2000	03	06	09	12
相対的貧困率	12.0	13.2	13.5	13.7	14.6	15.3	14.9	15.7	16.0	16.1
子どもの貧困率	10.9	12.9	12.8	12.1	13.4	14.5	13.7	14.2	15.7	16.3

(注 1) 貧困率は OECD の作成基準に基づいて算出.
(注 2) 世帯員は全年齢. 子どもは 17 歳以下の者をいう.
(出所) 厚生労働省「国民生活基礎調査の概況」(一部抜粋), 2013 年.

の結婚規範がいまだに残っているとも言える。しかし、いま一歩踏み込んでみれば、パートのほうが正社員より未婚率が低いという事実は、すでに述べたように、この国では女性は結婚後は正規労働者として働き続けることが困難で、結婚・妊娠・出産でいったん退職したあと再び働くときは、パート以外の仕事に就きにくいことを反映していると言うべきであろう。

高い貧困率は政府の責任

二〇一三年「国民生活基礎調査」は、表6‐4に掲げたように、OECDの作成基準に基づいて算出した近年の日本の「相対的貧困率」の推移を示している。これを見ると、近年の日本の相対的貧困率は高まる一方である。この解説では「等価可処分所得」という耳慣れない用語が出てくる。世帯の可処分所得(収入から直接税や社会保険料などを除いた手取り分)を世帯人員で調整した所得を「等価可処分所得」という。それを踏まえていえば、「相対的貧困率」とは、

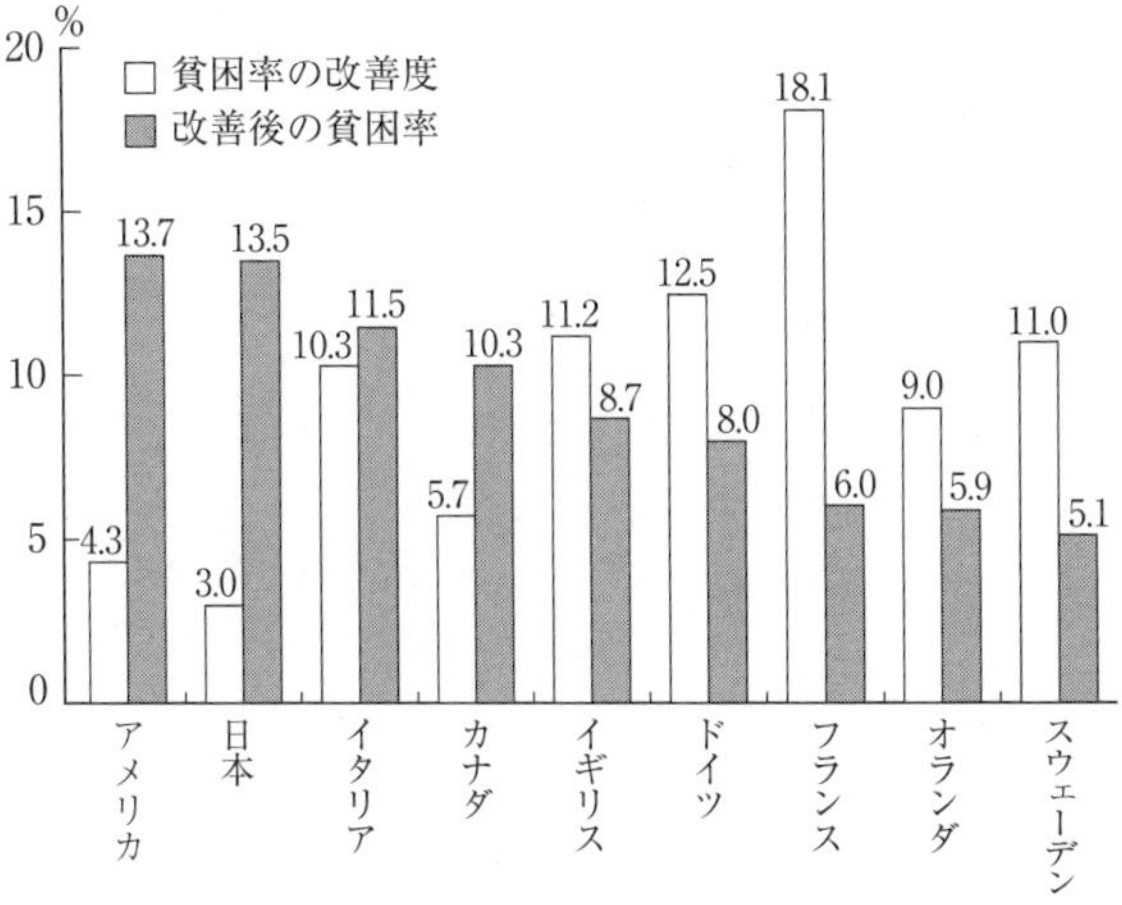

(注) 2000年の各国のデータより算出.
(出所) OECD「対日経済審査報告」2006年.

図6-2　OECD諸国における相対的貧困率とその改善度

「等価可処分所得が中央値の半分に満たない人口が全対象人口に占める割合」のことである。中央値とは数値を大きさの順に並べた場合に全体の中央にくる値のことで、二〇一二年では所得の中央値は二四四万円、その半分は一二二万円であった。この場合、年間所得が一二二万円に満たない人びとが全体に占める割合である相対的貧困率は一六・一％であった。同じ方法で計算した同年の一七歳以下の子どもの貧困率は一六・三％であった。子どもの六人に一人が貧困といわれるのはこの数字からきている。

図6－2に厚生労働省がＯＥＣＤの作成基準に基づいて算出したＯＥＣＤ諸国の相対的貧困率とその改善度を示した。

二〇〇六年に発表されたＯＥＣＤ「対日経済審査報告」は、一五歳から六五歳未満の生産年齢人口の二〇〇〇年のデータを用いて、日本の相対的貧困率は一三・五％で、先進一七か国中、アメリカの一三・七％に次いで高いことを明らかにして、貧困論議に一石を投じた（表６－４の数値との違いは対象が全人口ではなく生産年齢人口であることによる）。

注目すべきことに、この報告は、「主な要因は労働市場における二極化の拡大にある」とし、非正規労働者比率が一〇年間に全労働者の一九％から三〇％以上に増加したことや、パートタイム労働者の時間賃金はフルタイム労働者の四〇％にとどまると指摘している。

いまひとつ見過ごせないことに、前出の図６－２に見るとおり、日本は税や公的給付による貧困の改善率が先進国のなかでは際だって低い。たとえばフランスは、市場所得（税・社会保障による再分配前の所得）でみた貧困率は二四・一％で日本よりずっと高いが、それが税と社会保障で一八・一ポイントも改善されて、可処分所得でみた相対的貧困率は六％となって、日本よりずっと低い。ところが、日本は、市場所得でみた貧困率は一六・五％であるが、税金と社会保障によってわずか三ポイントしか改善されていないために、結果としての可処分所得でみた貧困率は、フランスの二倍以上の一三・五％にもなっている。日本の貧困率の改善度が著しく低いのは、他のＯＥＣＤ諸国に比し、貧困世帯への社会保障支出が少ないうえに、貧困世帯に対して高い税負担を課しているからである。これは日本の所得再分配政策が貧しいからにほかならない。

労働者が失業したときに、一時的に生活を支え、再就職を支援するのが雇用保険の失業給付であるが、日本では失業者の二割程度（一五〜二四歳の若者では一割程度）しか失業給付を受給できていない。二〇〇九年三月のＩＬＯレポートによれば、失業給付を受けていない日本の失業者は二一〇万人に達し、不支給率は全失業者の七七％にのぼる。主要先進国ではドイツ、フランスは一〇％台、イギリスは四〇％、アメリカとカナダは五七％で、日本ほど不支給率が高い国はない。

非正規労働者は、不況や業績悪化に際して真っ先に雇い止めや契約打ち切りにあう。ところが、雇用保険は、離職日以前の一年間に通算して六か月以上かけていることが受給要件になっている。非正規労働者は、もともと雇用保険の加入率が著しく低いうえに、雇用期間が短いために失業給付を受けられない場合が多い。二〇〇八年一一月一四日の衆議院厚生労働委員会で明らかになったところによれば、〇七年の非正規雇用者一七三二万人のうち、雇用保険未加入者は一〇〇六万人で、未加入率は五八％であった。

公務員の定員削減と給与削減

自民党に限らず、ここ十数年の歴代政権は、国と地方の公務員の定員削減と公務労働者の人件費の削減に血眼《ちまなこ》になってきた。

民主党は二〇〇九年八月の衆議院議員総選挙のマニフェストに、「地方分権推進に伴う地方移管、各種手当・退職金等の水準や定員の見直し、労使交渉を通じた給与改定など様々な手法により」、「国家公務員の総人件費を二割削減します」と公約していた。同党は二〇一〇年七月の参議院議員通常選挙でも同じ公約を掲げた。

このときの参議院選挙で、「国家公務員総人件費の二割削減」を公約したのは民主党だけではない。自民党は、〇五年に同党が決定した「一〇年で国家公務員を約二〇％、八万一〇〇〇人を純減する」という計画のうち、実施済みを除く三万六〇〇〇人の削減を可能なかぎりスピードを速めて取り組むとして、次のように公約していた。「中小企業の実情を踏まえた公務員給与の引下げ、道州・自治体との重複排除による国の出先機関の廃止、各府省共通の間接業務の一括外部化、業務の無駄撲滅により、総人件費を二割削減します」。公明党は「給与・諸手当・退職金・年金及び定員に関する一体的な法制見直しによる総人件費の抑制」を主張した。

二〇〇八年一月の大阪府知事選挙で橋下徹が知事に就任した後、二〇一〇年に地域政党「大阪維新の会」が結成された。同党が大阪府議会・市議会議員選挙に大勝した勢いで強行した主要政策の一つはやはり府職員と市職員の大幅な給与引き下げと定員削減であった。

政党間の公務員給与削減競争は、マスメディアによって煽られて強まった面がある。自民党が国家公務員二割削減計画を打ち出したのは二〇〇五年であるが、同年九月に行われた郵政解散総選挙に際して、『朝日新聞』は、「公務員人件費　選挙で減らし方を競え」と題する社説を出した。

いわく、「大赤字を続ける国の財政を立て直すには、人件費を減らすことが待ったなしだ。総選挙は各党が人件費削減の知恵を競い合う機会にしてもらいたい」「人件費の総額を減らすには、給与の見直しでは限りがある。公務員の人数に大胆に手をつけなければならない」（二〇〇五年八月二二日）。

この社説が出たのは、二〇〇三年度の郵政公社化や〇四年度の国立大学法人化によって、国家公務員の定数が三〇万人以上減った後である。総務省の「国の行政機関の定員の推移」によれば、国家公務員の定員数は、二〇〇〇年度末の約八四万人から一〇年度末の約三〇万人まで約五四万人も減少している（自衛官約二五万人を除く）。

総務省のホームページに出ている資料によれば、「人口千人当たりの公的部門における職員数」は、イギリス七四・八人(二〇一二年)、フランス八八・七人(二〇一二年)、アメリカ六五・五人(二〇一二年)、ドイツ五九・一人(二〇一一年)であるのに対して、日本三六・四人(二〇一三年)となっていて日本の少なさが際立っている。

これは中央政府職員、政府企業職員、地方政府職員、軍人・国防職員の合計数であるが、日本の政府企業職員には、もともと国の機関であった独立行政法人、国立大学法人、大学共同利用機関法人、特殊法人および国有林野事業の職員を計上している。また、日本の数字には、政府系法人と自衛官・防衛省職員以外は、非常勤職員を含んでいる。

公務員賃金は高すぎるという議論では、最低賃金に近い時給で働いている大量の非正規公務員の存在はたいてい無視されている。また、国家公務員でいえば、相対的に賃金の低い現業職は、郵政公社化以前の約三〇万人から最近では四〇〇〇人台まで減らされたが、このことも考慮されていない。さらに、公務員の正規職員では勤続年数が同一ならば原則として男女の賃金格差がなく、女性の賃金が低い民間に比べて、男女計の平均は高く出るが、それも公務員高賃金論では度外視されている。正確な比較のためには同じ学歴を基準にしなければならないが、それさえ不問にした議論が多い。

二〇一〇年の数字で見ると、平均年齢は国家公務員(国公)四一・九歳、民間四一歳で大きな違いがない。しかし、平均勤続年数は国公二〇・五年、民間一二・五年で大きく開いている。平均年齢がほとんど違わないのに、平均勤続年数に八年の開きがあるのは、国のほうが民間よりまだしも雇用が安定していることの表れである。

仮に民間大企業で四〇歳、勤続二〇・五年の労働者を抽出して比較すると、国のほうが民間より賃金が低いことがよりはっきりする。参考までに総務省「国家公務員給与等実態調査」と厚生労働省「賃金構造基本統計調査」を用いて、大卒男性について、国(正職員)と民間大企業(正社員)を比べると、二〇一〇年は、国公三八万一〇〇〇円、民間三九万五〇〇〇円で、民間大企業のほうが一万円あまり高い。

国家公務員の賃金については、公務員のストライキ権が奪われているもとで、人事院が官民の比較を行い、官民較差を是正するために、毎年四月分の給与を調査して、引き上げ・見送り・引き下げの勧告を出している。国家公務員と地方公務員の賃金水準は、まず国家公務員の賃金水準が民間労働者の賃金水準との比較をもとにした人事院勧告にもとづいて決定され、次に人勧に準拠して(大きな地方自治体では、人事委員会が当該地方の民間企業の賃金実態などを勘案して行う勧告にもとづいて)地方公務員の賃金水準が決まるという関係がある。

二〇〇一年から一〇年まででいうと、民間給与が下がり続けてきたことを反映して、国家公

表 6-5　人事院勧告モデル給の推移(年収比較)

	2001 年	2010 年	減少額
25 歳(係員，独身)	315 万 8000 円	281 万 7000 円	34 万 1000 円
30 歳(係員，配偶者)	405 万 3000 円	357 万 7000 円	47 万 6000 円
35 歳(係長，配偶者，子 1 人)	552 万 3000 円	455 万 8000 円	96 万 5000 円
40 歳(係長，配偶者，子 2 人)	617 万 8000 円	513 万 3000 円	104 万 5000 円

(注) 給与は両年とも人勧実施後の年間給与.
(出所) 各年の人事院勧告資料.

務員の賃金は、二〇〇二年度二・〇三％、〇三年度一・〇七％、〇五年度〇・三六％、〇九年度〇・二二％、一〇年度〇・一九％引き下げられた。〇一年度、〇四年度、〇六年度、〇八年度は給与表の改定はなかった。この間に引き上げられたのは〇七年度のわずか〇・三五％だけである。

この間の引き下げの累計で国家公務員の賃金はどの程度削減されたか。それを知るために、人勧資料から人数がもっとも多い行政職俸給表(一)適用者のモデル給与例を表6-5に示した。この削減には一時金(賞与)が四・七か月から三・九五か月に下がったことと、人勧の引き下げ率は若年者では低く、中高年では高かったことが反映されている。

このモデルによれば三〇代後半から四〇代の係長級の行政職(一)の労働者は年収が一〇〇万円前後減ったことになる。しかし、この程度の引き下げでは足りないとばかり行われたのが二〇一〇年前後の大政党の公務員給与の引き下げキャンペーンであった。高い高いといわれる国家公務員の給与だが、一一年度の場合、人事院による比較では民間よりわずか〇・二三％高いだけで、その較差も勧告が実施されれば一二年度には解消されることになっていた。それにもかかわらず、官民の較差是正における人勧の機能はまったく無視されて、国家公務員の給与は高すぎるというキャンペーンが繰り返されたのである。

二〇一二年度については、一一年六月に東日本大震災の復興財源捻出を理由に、政府が一二年度より二年間、国家公務員の給与を人事院勧告にもとづくことなく平均七・八％引き下げる臨時特例法案を国会に提出し成立させたことから、異例の引き下げとなった。一三年度末で終了したこの臨時措置によって、国家公務員は一一年人勧の遡及分（マイナス〇・二三％）と、一二年度、一三年度の七・八％引き下げによって、新たに二年間で平均一〇〇万円近い減収を強いられることになった。

本書を書いているなかで発表された二〇一五年度の人事院勧告は、民間賃金と国家公務員賃金の較差を是正する趣旨から、国家公務員の月例給を平均一四六九円（〇・三六％）、特別給（年間の一時金）を〇・一か月分引き上げるというものであった。

今回の勧告は、この十数年の切り下げで悪化した生活の改善には遠く及ばないが、俸給表の全面改訂によって、非常勤職員の賃金水準にも波及する引き上げであること、七年ぶりの引き上げとなった昨年度に続く引き上げであること、月例給と一時金の二年連続の引き上げは一九九一年以来二四年ぶりであること、政府はプラス勧告の完全実施を見送った二〇〇七年度と違って、完全実施の慣例を守ろうとしていることなどを考慮すると、肯定的に評価してよい。

加えて注目すべきことに、あれほど吹き荒れてきた公務員賃金に対するバッシングの嵐が鳴りを潜め、マスメディアにおいては、いまのところ今回の人勧に対して引き上げ率が高すぎる、あるいは勧告の実施は見送るべきだという主張は見られない。その背後には、官民の別を問わず多年にわたって労働者の賃金の引き下げが続き、それがデフレの原因であることが誰の目にも明らかになった結果、デフレ脱却のために民間大企業の賃上げを政府自らが言い出さざるを得ないような状況が生じたという事情がある。

官製ワーキングプア

近年では「官製ワーキングプア」の増大が深刻な問題になるほどに、国でも地方でも公務員が大量に非常勤職員に置き換えられている。

総務省の「非常勤職員在職状況統計表」によれば、国家公務員職場の非常勤職員は、二〇〇一四年七月現在、約一四万人である。同年の一般職国家公務員常勤職員の総数は約二七万人なので、非常勤職員は、一般職国家公務員総数約四一万人(=一四万人+二七万人)の三四%を占める(国の経営する企業に勤務する職員および独立行政法人の職員は含まれない)。この比率は、民間労働者の非正規比率に近い。

地方自治体における臨時・非常勤などの非正規職員については整備された全国的な統計はない。自治労(全日本自治団体労働組合)の二〇〇九年調査では、自治体の非正規職員は全国で約六〇万人にのぼり、全職員の三割に達すると推計されている。一九八四年と比べると六・七倍、九〇年と比べると三倍に増えたことになる。

大阪府下の自治体に働く非正規職員の二〇一三年現在の実態に関する大阪労連の調査によれば、各自治体の非正規比率の平均は三八・八%、全自治体の非正規比率の単純平均(非正規労働者÷全労働者)は三一・五%であった。非正規比率が四〇%を超える自治体が一二市六町、五〇%を超える自治体が一市二町あった。非正規職員の賃金の最低レベルが地域別最低賃金と同じ八一九円の自治体が二市一町あった。

限度を超えた公務員の賃金削減と定数削減は、当該労働者の生活の困窮だけでなく、職員数の大幅な減少と相まって、行政サービスの低下を招き、住民生活の基盤を危うくする。特定の自治体が財政破綻をした場合は極端なケースも生じうる。それがどんな事態を招くかを、二〇〇七年三月から「財政再建団体」(「財政再生団体」)の指定を受けた、夕張市を例に考えてみよう。

『日本経済新聞』の二〇一四年四月一日の電子版に、鈴木直道夕張市長の「限界超える地方公務員の給与削減がもたらしたもの」という長文のインタビュー記事が載っている。鈴木は「ゆきすぎた給与削減は人材の流出をまねき、行政サービスの低下につながります。その最も厳しい例が夕張かもしれません」と言う。

鈴木は、東京都の職員であった二〇〇八年に夕張市に派遣され、一〇年一一月、夕張市長選への出馬を決意し、東京都庁を退職して、一一年四月、夕張市長に就任した。こういう経歴をもつ鈴木は、職員の退職について次のように語っている。

「定年退職を控えた部長、次長は全員、課長、主幹は五名を残して退職し、五三名いた管理職は一〇分の一になりました。また、管理職の一斉退職を受けて、平職員が経験の無いなか管理職となるなど、混乱のなかで重責を担う精神的な負担や給与削減による生活不安などから、まだ転職できる働き盛りの三〇代を中心に、ともに働いた仲間を残し、苦渋の選択を迫られるなかで退職していきました。ベテランも含む二六〇人いた職員は現在一〇五人、半数以下です。課題は山積、仕事量は増えるなかで残された職員は遅くまで懸命に働いていました」

筆者は夕張市が財政再建団体になった後、再建計画関連業務を中心に仕事量が増え、残業が多くなっているにもかかわらず、予算に残業手当が組まれていない事態をどう考えればいいか、新聞コメントを求められたことがある。その後、残業手当がわずかに支給されることになったものの、賃金総額の二・五％以内という制約があるために、依然としてサービス残業（賃金不払残業）は解消されていないらしい。鈴木によれば、予算のカットは暖房費にも及んだ。冬はマイナス二〇度ちかくになり、室内でもマイナス五度になることもある夕張で、午後五時になると暖房が切られる。それでも職員はスキーウエアやベンチコートを着て手袋をはめ、パソコンに向かって作業をした。そうした経費削減はいまも続いていて、市役所では午後五時になると暖房を消しているが、最近ではポータブル石油ストーブの寄附があり、残業する際はそれを使っているという。

二〇一三年九月一一日の『東京新聞』は、「非正規公務員三人に一人」という見出しで「官製ワーキングプア」の全紙大の特集を組んでいる。記事は、とくに子育ての分野で公務労働者の非正規化が進んでいることを問題にして、自治労の一二年度の調査をもとに、学童指導員九二・八％、消費生活相談員八六・三％、図書館職員六七・八％、学校給食関係職員六四・一％、保育士五二・九％といった非正規比率を示している。こうした公務の領域の非正規化は、保育所などの公共サービスの民営化や、公の施設の管理・運営の民間代行である「指定管理者制度」が広がった結果である。賃金は、日額・時給型の平均時給が九五〇円で、フルタイム(週三八時間四五分)で一年間働いたと仮定すると、年収は一九一万四〇〇〇円、月給型の平均月給は一六万円で、年収は一九二万円だという。

私は、すでに触れた『ワーキング・プア』を翻訳出版したあと、全国消費生活相談員協会の講演会で話をしたことがある。参加者は自治体と企業の消費者問題担当者であり、講演終了後の懇親会でお会いした自治体の相談員の方々は全員女性であった。彼女らは、一年更新の非正規雇用で、週三〜四日勤務し一日一万円前後の賃金で働いているとのことで、口々に「わたしたちはワーキングプアなんです」と語っていた。彼女らの貧困は高学歴のホワイトカラーの専門職であることによっても見えにくくされている。

公務労働者の非正規化は、民間労働者の非正規化と同様にワーキングプアを増やさないではおかない。それだけではない。公務労働者の非正規化は、行政と雇用の質を低下させ、たとえば公的な教育や保育にも困難をもたらす。元学童保育指導員で自治労連(日本自治体労働組合総連合)の執行委員を務めた川西玲子によれば、学童保育指導員はたいていどこでも最低賃金ギリギリの時給の非正規労働者で、一年から五年の有期雇用になっている。そのために子どもが好きで、子どもに慕われることに働きがいを覚えても、雇い止めが近づくと結局は生活がかかっているので、次の仕事を探しながら働くことになる。

国も地方も、非常勤職員とさえもいえない間接雇用や外部雇用の形態をとった非正規労働者が増えている。国や自治体が直接の雇用主なら最低賃金を下回るような低賃金を押し付けることは憚られても、民間の派遣労働や業務委託を利用する場合は、どんなに酷い労働条件でも、責任が問われにくいからである。

生活保護基準の切り下げ

失業給付や年金などの社会的給付が貧弱ななかで、生活に困窮したときの最後のセーフティネットとなるのは生活保護制度である。低所得層の貧困化が進むなかで、生活保護の利用者が増え続けている。厚生労働省の二〇一五年六月三日の発表では、全国で生活保護利用者が二一七万人を超え、過去最多を更新した。世帯別では、六五歳以上の高齢者世帯が全体の半分近くを占める。その背景には、年金制度の不備による低年金・無年金高齢者の増加がある。高齢者に比べればずっと少ないが、若年層のあいだに低賃金や失業あるいは精神障害やパワハラでの離職による生活困窮者が増えていることも、生活保護利用者が増加する一因になっている。

表6-6　生活保護の利用率・捕捉率の国際比較　(%)

	日本	ドイツ	フランス	イギリス	スウェーデン
利用率	1.6	9.7	5.7	9.3	4.5
捕捉率	15.3〜18	64.6	91.6	47〜90	82

(注) 日本は2011年，他は2008年のデータが用いられている．
(出所) 尾藤・吉永・小久保著『生活保護「改革」ここが焦点だ！』．

前章でも述べたように、生活保護を受けることは納税者から歓迎されず、世間から厳しい目で見られがちである。近年の日本で、生活困窮者が増加し、財政難のもとで生活保護費が膨らんでくるにつれて「生活保護バッシング」が起きたのも、その一例である。しかし、生活保護問題対策全国会議の資料によれば、表6-6に示したように、日本の生活保護の利用率(総人口に対する総利用者の割合)は一・六%にすぎず、ドイツ九・七%、フランス五・七%、イギリス九・三%、スウェーデン四・五%と比べて極端に低い。生活保護の捕捉率(利用資格のある人に占める現に利用している人の割合)も、日本は二〇%を切っているが、他の四か国と比べて著しく低い。

不正受給が増えているかのような報道もある。なるほど生活保護利用者の増加にともない不正受給の件数は増加しているが、全体に占める割合で見ると、件数ベースでは二%程度、金額ベースでは〇・五%程度で推移しており、近年大きな変化はない。

政府は財政危機の打開を理由に、二〇一四年四月に消費税率を五%から八％に引き上げた。一七年四月にはさらに八％から一〇％への引き上げが予定されている。所得税においては、所得再分配を考慮するなら、所得の低い人の税率を低くし、所得の高い人の税率を高くする累進課税が税制の通則であるが、消費税は貧乏人から重い税を取り立てて金持ちを優遇する「逆進制」の課税制度といわれている。したがって、消費税率を引き上げる場合は、それを補うに足りる所得再分配政策が実施されなければならず、社会保障支出の拡充が図られなければならなかった。表向きは、政府・財務省も消費増税によって確保された財源は社会保障支出の充実に向けると言っていた。にもかかわらず、これまでのところ税率の引き上げによる増収見込み額の一部が「充実」に充てられただけで、実際には軍事費の拡大と法人税率の引き下げが先行している。

生活保護制度に関しては、政府は二〇一三年八月から一五年四月まで三回にわたって、戦後最大の保護基準の引き下げを強行した。下げ幅は平均六・五％、最大一〇％で、削減総額は六七〇億円にのぼる。これに対しては健康で文化的な生活水準の保障を定めた憲法の第二五条の理念に照らして違憲ではないのかという理由で、全国一八道府県において、総数一〇〇〇人規模の生活保護基準引き下げの不当性を問う訴訟が起こされている。

第二次安倍内閣の「日本再興戦略」には、その二〇一三年版にも一四年版にも、自民党中心の政権にしてはめずらしく賃金の上昇や最低賃金の引き上げに努めると書かれている。しかし、いまのところ、名目賃金の長期的な下落傾向に歯止めがかかったとはいえない。むしろ、第5章でも述べたように、インフレ誘発と消費増税で実質賃金の低下が続いている。しかも、賃上げの額は大企業においても小さく、貧困にあえぐ低所得層の生活改善は置き去りにされている。「日本再興戦略」にとっては、デフレ脱却も不況克服も雇用改革も、貧困対策には無関係で、すべては「アベノミクス」という名の経済成長戦略のためである。その証拠に、一三年版と一四年版には「成長」という用語が合計二〇〇回以上出てくるが、「貧困」はどこにもない。そのことが貧困対策の貧困さを裏書きしている。

終章　まともな働き方の実現に向けて

急がれる最低賃金の大幅引き上げ

憲法第二五条の「すべて国民は、健康で文化的な最低限度の生活を営む権利を有する」という生存権を保障するためのセーフティネットは、生活保護だけではない。最低賃金もまた賃金の最低限度を保障する制度として、生存権を保障する役割をもっている。

最低賃金は、働けばなんとかギリギリ生活できる賃金を労働者に保障するために、それを下回って雇用してはならないことを法律で定めた賃金の最低額である。この趣旨から、最低賃金法は、「賃金の低廉な労働者について、賃金の最低額を保障することにより、労働条件の改善を図り、もって、労働者の生活の安定、労働力の質的向上及び事業の公正な競争の確保に資するとともに、国民経済の健全な発展に寄与することを目的とする」(第一条)と規定している。

最低賃金法は最近では二〇〇七年一二月に改正された。厚生労働省のホームページによれば、この改正によって、「労働者の生計費を考慮するに当たっては、労働者が健康で文化的な最低限度の生活を営むことができるよう、生活保護に係る施策との整合性に配慮する」ことが明確になった。また、この改正によって、地域別最低賃金は、「賃金の最低限度を保障するセーフティネット」として位置づけられることになった。

厚生労働相の諮問機関「中央最低賃金審議会」は、二〇一五年七月二九日、地域別最低賃金(時給)を一〇月から全国平均で一八円引き上げると答申した。これを受けて都道府県の最低賃金審議会で、引き上げ後の時給が東京九〇七円、大阪八五八円、愛知八二〇円、北海道七六四円、沖縄六九三円などと決まった。マスコミはこれを日額から時給に変更した〇二年度以降で最大の上げ幅と報じている。

しかし、これでは、たとえ週四〇時間、年二〇〇〇時間働いても、もっとも高い東京でも一八一万円にすぎず、沖縄では一三九万円にしかならない。これから税、社会保険料などを差し引いた可処分所得はもっと低くなる。家賃を差し引くと、毎日二〇〇〇〜三〇〇〇円で遣り繰りする困窮生活を余儀なくされる。そのうえ、最低賃金の近くで働いている非正規労働者の多くは細切れ雇用なので、一年間勤め続け、フルタイム並みに年間二〇〇〇時間働くことは困難である。これでは「健康で文化的な最低限度の生活を営むことができる」賃金とはとうていいえない。

二〇一五年九月現在の地域別最低賃金の平均は七八〇円であるが、ヨーロッパの国々の最低賃金は一〇〇〇円から一二〇〇円のあいだにある。アメリカは日本と並んで最低賃金の低い国であったが、オバマ大統領は現在の連邦最低賃金である七・二五ドル(八七〇円。以下、一ドル一二〇円で換算)を九ドル(一〇八〇円)に引き上げることを公約している。連邦レベルの引き上げを待たずに、最低賃金を八ドル台ないしは九ドル台に引き上げる州が続出しており、首都ワシントンでもこれまで九・五ドル(一一四〇円)から一〇・五ドル(一二六〇円)に引き上げられた。サンフランシスコ、シアトル、ロサンゼルスなどでは向こう数年で最低賃金を一五ドル(一八〇〇円)に引き上げる条例が可決されている。

二〇一四年九月四日、アメリカのマクドナルドなどファーストフード店で働く従業員らが時給一五ドルの実現を求めてストライキやデモを行い、約一五〇都市で数千人が参加したというニュースもある。二〇一五年二月一九日、低賃金で知られた小売最大手ウォルマート・ストアーズは、従業員の賃金を四月から最低で時給九ドルに引き上げると発表した。

片や日本のスーパー、コンビニ、ファーストフード、外食産業などで働くパート・アルバイトの時給は地域別最低賃金にきわめて近い。そのうえ大きな地域間格差がある。二〇一四年三月四日の参議院予算委員会において共産党の小池晃議員が質問で明らかにしたところでは、ワタミグループの居酒屋のアルバイト時給は、文字どおり同年四月現在の地域別最低賃金に張り付いていた(表終-1)。同じ「和民」でありながら、時給は東京店と沖縄店で二〇五円の差がある。こうした例はほかにもある。

表終-1　ワタミグループ居酒屋のアルバイト時給　(円)

都道府県	店　舗	時給	最低賃金
北海道	和民十勝帯広店	734	734
青　森	坐・和民弘前駅前店	665	665
茨　城	和民水戸南口サウスタワーOF店	713	713
埼　玉	和民飯能北口駅前店	785	785
東　京	和民八王子北口店	869	869
神奈川	和民海老名中央店	868	868
新　潟	坐・和民新潟駅前東大通り店	701	701
愛　知	坐・和民藤が丘駅前店	780	780
大　阪	和民近鉄八尾駅前店	819	819
兵　庫	和民川西能勢口駅前店	761	761
奈　良	坐・和民大和八木店	710	710
福　岡	坐・和民 JR 香椎駅前店	712	712
沖　縄	和民那覇新都心店	664	664

(注) ワタミグループの HP のアルバイト募集コーナーの記載データによる．時給は昼間のもっとも金額が低い職種(主に，清掃・仕込みスタッフ)の額．
(出典) ワタミグループの HP のアルバイト募集コーナーの記載データから小池晃事務所で作成．
(出所)『しんぶん赤旗』2014 年 3 月 5 日．

日本の労働界は地域別最低賃金の全国平均を一〇〇〇円に引き上げることを要求している。この要求を実現するためには、二〇一五年一〇月からの全国平均七九八円を前提にしても、二〇〇円以上の大幅な積み上げが必要となる。これを一度に実現することはむずかしいが、数次にわたって段階的に引き上げることはできる。

一般的にいって、賃金は企業にとって最大のコストである。賃金が切り下げられれば企業の利潤は増大する。しかし、他方で、賃金が下がれば、個人消費は冷え込み、それだけ内需は縮小するのも事実である。最低賃金を引き上げることは、非正規労働者だけでなく、すべての労働者の賃金を底上げする効果をもつ。最低賃金を上げれば失業者がさらに増える、あるいは企業がさらに海外に出ていくと主張する経営者や学者、評論家もいるが、経済の落ち込みを理由に賃金を下がるままにしておけば、個人消費が縮小し、デフレが深刻になり、経済はさらに落ち込むという悪循環(いわゆるデフレスパイラル)に陥ってきたのがここ十数年の日本経済であった。

現在では、少なくない女性パートタイム労働者が「家計補助者」ではなく「主たる生計維持者」になってきている。それだけにパートタイム労働者の生活の困窮を改善するに足りる最低賃金の大幅な引き上げが急務である。

雇用身分社会から抜け出す鍵

雇用身分社会をもたらした要因については前章までに詳しく述べてきた。では、何をどうすれば雇用身分社会から抜け出すことができるのか。以下に解決の鍵と思われる方策に絞って書き留めておく。

（1）労働者派遣制度を抜本的に見直す

一九八五年に労働者派遣法が制定されて以来、次々と規制緩和され自由化されてきた労働者派遣制度は、現代日本の雇用破壊の元凶である。この間には労働法体系の雪崩《なだれ》のような崩壊と日本の労働社会の雇用身分社会への移行があった。それを妨げていた堰《せき》を切るか、閂《かんぬき》を外すかの役割を果たしたのが、労働者派遣制度であった。この制度は、行く行くは派遣法制定以前の規制に戻して廃止すべきであるが、当分のあいだの合意可能な改革としては、労働者派遣の範囲を自由化（ネガティブリスト化）した一九九九年の派遣法改正以前の規制に戻すことを原則に、許可対象とするいわゆる専門業務を限定し、従来の二六業務から、単純労働的性格の強い事務用機器操作、ファイリング、建築物清掃、案内・受付・駐車場管理等などの業務を除外し、日雇い派遣やスポット派遣を原則禁止とすることが望ましい。

（2）非正規労働者の比率を引き下げる

一九八〇年代に始まり、九〇年代に強まってきた雇用形態の多様化路線と決別して、四割まで達した非正規比率を漸次的に八〇年代の二割未満のレベルまで下げる。国と地方自治体の公務員の非正規比率も（公務労働従事者における臨時・非常勤その他の非正規労働者の比率も）一九八〇年代のレベルに戻すとすれば、現状の三割台を一割台まで減らすことが数値目標となる。

現在、非正規労働者を正規労働者に転換するための「正社員の多様化」とその一環としての「限定正社員」の拡大が議論されている。これが現状の改善に繋がるには、少なくとも三つの条件が確保される必要がある。第一に、「限定正社員」と対比していわれる「無限定正社員」(とくに残業時間が無限定な正社員)の存在を容認するのではなく、すべての正社員に対して残業時間の上限規制を実施する。第二に、労働者本人が希望し申請した場合には、パート社員と正社員のあいだの相互移行を認める。第三に、時間に応じた報酬の平等の原則を確立し、一日の労働時間が正社員は八時間、パート社員は五時間ならば、月々支払われる基本給だけでなく、特別給与(賞与、一時金など)や付加給付(一律支給の諸手当、福利厚生など)も八対五を基準に、それを著しく下回ることのないように比例配分的に支給する。

(3) 雇用・労働の規制緩和と決別する

一九八〇年代以降、世界的に社会保障の削減、規制緩和、民営化、市場化を推奨する新自由主義の政治思想が猛威をふるうようになった。日本ではこの流れがとりわけ強く、八五年の労働者派遣法を突破口に、雇用政策や労働行政の分野にも、新自由主義の政治思想とともに、

「経済のことは市場に任せ、市場のことは個人に任せよう」という市場個人主義の政策イデオロギーが浸透し、労働市場制度と労働時間制度を中心に規制緩和が進められ、労働法で与えられた労働者の権利と保護が次々と剝ぎ取られてきた。その結果、税制と社会保障による貧困の改善という所得再分配政策もおろそかにされてきた。

新自由主義と市場個人主義に反対する立場からは、一時的・例外的労働に限るべき派遣労働を無期限化して、常用労働者を恒久的に派遣労働者に置き換えることを可能にする派遣法の改悪は認められない。また、労働基準法の一週四〇時間、一日八時間の規制を外して、労働時間という概念も時間外という概念も、使用者の残業代支払い義務もなくして働かせる〝定額働かせ放題法〟の創設も許してはならない。後者はさしあたりは高い年収を取り、高度な専門的業務に従事している労働者に限ることで反対世論をそらそうとしているが、推進者たちは派遣法と同様に「小さく産んで大きく育てる」意図を隠しておらず、いったん通れば年収要件はたちまち大幅に引き下げられ、業務はすべてのホワイトカラー労働（管理・専門・営業・事務）に広げられるだろう。

(4) 最低賃金を引き上げる

最低賃金制度の現状についてはこの終章の冒頭で述べたので、ここでは政策課題だけを補足する。地域別最低賃金は、数年間で全国最低八〇〇円、全国平均一〇〇〇円に段階的に引き上げる。近い将来は、一五〇〇円に引き上げ、地域格差を助長する現行の地域別最低賃金制を廃止し、全国一律最低賃金制を確立する。最低賃金の引き上げが雇用を減らすことのないように、最低賃金の引き上げに呼応して従業員の時給の下限を引き上げた企業や、最低賃金が引き上げにより影響を受ける中小企業に対しては、現行の支援制度を拡充する。

最低賃金の引き上げに最大の責任を負っているのは政治であり政府である。最低賃金は、労働市場の需給関係――労働力の売り手(労働者)と買い手(企業)との競争、売り手相互の競争、買い手相互の競争のいわゆる三面競争――と無関係ではないが、なによりも政府の政策によって政治的に決定できるという特徴がある。

(5) 八時間労働制を確立する

経済学には産業予備軍という概念がある。失業、半失業、細切れ雇用の状態にあって多少ともましな仕事があればいつでも働こうと待ち受けている労働力人口のことである。

これはマルクスも『資本論』で使っている経済学の古い概念であるが、現代の日本には「過労死予備軍」という概念もある。「労働力調査」によれば、二〇一四年現在、週六〇時間以上の就業者は五六六万人、うち雇用者は四六八万人いる。週六〇時間以上も働く者は、法定四〇時間を基準にすれば、週二〇時間以上、月八〇時間以上の残業(時間外・休日労働)を行っていることになる。厚生労働省によれば、これだけ長時間の残業をしている労働者は、過労とストレスで、脳・心臓疾患(過労死)や精神障害(過労自殺)を発症するリスクが高い。そのことから週六〇時間以上の長時間労働者を「過労死予備軍」というようになった。

今日の日本には、一方には労働時間があまりに長すぎて過労とストレスで身心の健康を損ない斃れるおそれがある数百万人の過労死予備軍がいる。他方には、完全失業者、非労働力人口中の就業希望者、ワーキングプア状態の半失業者などを合わせると、働きたくても職がないために働けないか、かろうじて仕事があっても不安定な就業状態にある数百万人の産業予備軍がいる。こうした労働力人口の過労死予備軍と産業予備軍への二極分化を解消する鍵は八時間労働制の確立にある。

第4章で見たように、男性正社員はいまでも平均で一週五〇時間以上働いている。これでは八時間労働制(一日八時間・一週四〇時間労働制)にはほど遠く、一〇時間労働制(一日一〇時間・一週五〇時間労働制)ではないかといわざるをえない。戦後七〇年のいま、真に八時間労働制を確立するには、残業はヨーロッパ諸国並みに一日二時間、一年一五〇時間までに制限しなければならない。

一九九七年に男女雇用機会均等法が改正されるまでは、一八歳以上の女性の残業時間は、一日二時間、一週六時間、一年一五〇時間に規制されていた。本来なら、女性の残業時間規制を男性にも適用して男女平等にすればよかったが、選択されたのは女性にも男性並みの長時間労働をさせるというオプションであった。

しかし、実はかつて女性に適用されていたこの残業規制は、現行の育児・介護休業法によって、現在でも正当性が裏づけられている。同法の一七条と一八条には「時間外労働の制限」がいわれ、「事業所は育児や家族の介護を労働者が請求した場合には〔男女の別を問わず〕一か月二四時間、一年一五〇時間を超える時間外労働をさせてはならない」となっている。これに一日二時間と一週六時間を加え、すべての男女に一日二時間、一週六時間、一か月二四時間、一年一五〇時間を超えては残業しない権利が保障されれば、過労死・過労自殺はなくなる。それだけでなく、女性の社会参加と社会的活躍の条件、男性の育児参加や家事参加の条件ともども大いに改善される可能性がある。

(6) 性別賃金格差を解消する

厚生労働省「賃金構造基本調査」で賃金格差を見ると、二〇一四年現在、男性正社員、女性正社員、男性パートタイム労働者、女性パートタイム労働者の一時間当たり賃金は、一〇〇対七四対四四対三九となっている(パートタイム労働者の一時間当たり賃金は、男女とも有期雇用の短時間労働者のデータを用い、一時間当たりに換算した「年間賞与その他特別給与額」を加えて算定した。第3章の表3-3では一般労働者とパートを比較したが、ここでは正社員とパートを比較した)。この場合、女性パートタイム労働者の時間賃金は男性正社員の時間賃金の四割に満たない。パートの時給がフルタイムの九割から八割の範囲にあるスイス、イタリア、オランダ、スウェーデン、フランスなどとは大違いである。

性別賃金格差を問題にする場合には、労働時間の性別格差を考慮に入れなければならない。「労働力調査」の二〇一四年平均結果で見ると、非正規労働者を含む全労働者の一人当たり週労働時間(一五~六四歳)は、男性が四五時間、女性が三三時間で、週当たり一二時間、年間ベースでは六〇〇時間以上の開きがある。

パートタイム労働者の年収は時給×年間労働時間で決まるので、時給が男性正社員の四〇%

で、労働時間が七〇％であるとすれば、男性正社員の収入力を一〇〇としたときの女性パートの収入力は0.4×0.7＝0.28で、男性の三割にも及ばないことになる。この大きな格差をせめてヨーロッパ並みに0.9×0.6＝0.54くらいまで縮小しなければ、パートはいつまでも「劣った雇用身分」であり続けるだろう。

この場合、ヨーロッパ諸国と比べての日本の最大の問題は、女性差別あるいは性別賃金格差の影響を受けて、女性パートタイム労働者の賃金が著しく低い水準におかれ、男性のパート・アルバイトもそれに引き寄せられてきわめて低い水準に抑えられてきたことにある。しかし、やっかいなことに、労働時間については、日本のパートタイム労働者には「フルタイムパート」が少なからずいるという事情もあって、ヨーロッパに比べむしろ長すぎることが問題である。それだけに男性正社員と女性正社員、および男性正社員と女性パート社員の時給格差をヨーロッパ並みに縮めることが急務である。

なお、異なる職務間の賃金格差を是正するには、同一価値労働同一賃金の考え方に立たなければならない。AとBという二種類の職務を評価して、AとBがともに一〇で職務の価値が同一ならば同一賃金が支払われなければならない。しかし、職務の価値がAは一〇、Bは八なら、一〇対八の賃金が支払われなければならない、というのが同一価値労働同一賃金の原則である。

現にある賃金の格差が職務の価値の違いから説明できるなら、それは性別・雇用身分別格差とはいえないかもしれない。同じ価値として評価できる職務でありながら賃金に見過ごせない格差があるなら、それは性別・雇用身分別格差の反映であるかもしれない。これをめぐる議論は重要ではあるが、簡単ではないので本書では立ち入らない(遠藤公嗣『これからの賃金』参照)。

ディーセントワーク

ＩＬＯは、一九九九年以来、国際労働基準の確立のために「ディーセントワーク」という標語を掲げてきた。

ＵＲＬから二〇〇六年九月に掲載したと思われる厚生労働省のホームページにある「(参考)ディーセント・ワークについて」という資料は、「ディーセントワーク」を「適切な仕事」と訳している。資料末尾には、「「社会的にも倫理的にも適切な仕事」という意味であるが、ここでは単に「適切な仕事」ということにする」という注記がある。その後使われるようになる「働きがいのある人間らしい仕事」というもったいぶった訳に比べると、あっさりしていてなじみやすいともいえる。

しかし、どちらの訳語も、一般にはいまひとつ定着していない。「ディーセント」(decent)と

〈ディーセントワークの実現条件〉
① 働く機会があり，働きに応じた収入が得られること
② 働くうえでの権利が確保され，職場で発言が行いやすく，それが認められること
③ 家族の生活が安定しており，自己の鍛錬もできること
④ 公正な扱い，男女平等な扱いを受けること

いう英単語は、辞書を引けば、見苦しくない、礼儀正しい、恥ずかしくない、裸でない、きちんとした、まともな、人並みの、人間らしい、感じのいい、親切な、寛大な、適切な、といった意味が並んである。このように、重なりながら微妙に異なるいくつもの意味をもつことも、ディーセントワークという英語が日本語に訳しにくい理由かもしれない。

私は「まともな働き方」と訳している。拙著『就職とは何か——〈まともな働き方〉の条件』のサブタイトルはディーセントワークの意味で用いたものである。

それはともかく、先の参考資料は、ディーセントワークを「人々が働きながら生活している間に抱く」「願望が集大成されたもの」といい、「願望」に祭り上げている点はいただけない。ILOのスローガンは、「恒久平和」のようにいつ実現されるともわからない願望を表明したものではない。それは速やかに実現されるべき「戦略的目標」である。しかし、この点さえ問わなければ、その資料で示されている上の四項目は、日本においてまともな働き方を実現するうえできわめて重要な基本的課題を適切に整

理したものといえる。

この条件がどの程度実現されているかは、ＩＬＯで制定された労働に関する国際的な条約の批准等の状況を見ると明白である。結論からいえば日本の現状はきわめてお寒い。たとえば、労働時間については、一九一九年のＩＬＯ第一回総会で八時間条約（工業・工場一日八時間、一週四八時間まで）が批准されたとき、ヨーロッパ諸国は日本についていくつかの特例措置を認め、大幅に譲歩したにもかかわらず、結局日本は批准しなかった。それが躓きの石となって、いまだに日本では残業の上限規制がなく、八時間労働制が確立していないために、二五本あるＩＬＯの労働時間関連条約を一本も批准できていない。

これではディーセントな、つまりまともな労働時間は実現しようがない。まともな労働時間とは、ＩＬＯの発行物によれば、「健康的で、家庭に配慮し、男女平等を推進し、生産性を向上させ、労働者が自分の働く時間を選択できる労働時間」である。これに照らせば、過労死を生むような労働時間はとうていまともとはいえない。まともな労働時間を実現するためには、①労働時間の短縮を望むのに、非常な長時間労働を余儀なくされている者、②もっと長く就業したいのに週二〇時間未満しか働けない者、③いつも同じまたは標準的な労働時間制度を望むのに労働時間が定まっていない者をなくさなくてはならない。

これに照らせば、日本の労働時間はあまりに惨めである。安倍晋三首相は二〇一三年二月二八日の国会施政方針演説で「世界で一番企業が活躍しやすい国」を目指すと表明した。これは目標としていわれているが、労働時間に関するかぎり、これまでも日本は「世界で一番企業が活躍しやすい国」であった。

問題は労働時間だけではない。派遣労働者が酷い扱いを受けているのも、雇用の場で根深い男女差別が残っているのも、パートタイム労働者の時給が著しく低いのも、日本の労働社会が雇用身分社会になったのも、日本が「世界で一番企業が活躍しやすい国」であり続けた結果である。いまこそ、人間らしいまともな働き方を実現するために声を上げるべき時である。

あとがき

雇用が目に見えて壊れてきたのは、私が『働きすぎの時代』を著したころからである。ちょうどそのころから、「格差社会」が政治問題として語られ始め、ほどなく貧困問題に火がついた。そういうなかで、働く生活困窮者が「ワーキングプア」と呼ばれるようになってきた。

二〇〇八年にはアメリカで世紀に一度の経済危機といわれたリーマンショックが起きた。日本ではその年の秋から翌年にかけて製造業が未曽有の大不況に陥り、大量の派遣切りが行われた。その後、大学生の就職難が深刻になり、私は『就職とは何か――〈まともな働き方〉の条件』をまとめた。

学生の雇用環境の悪化と時を同じくして、入社後間もない新卒社員を劣悪な労働条件で使い潰す企業が、「ブラック企業」として名指しで批判されるようになってきた。最近では「ブラックバイト」や「ブラックパート」も槍玉に挙がっている。正社員についても近年では「追い出し部屋」や「四〇歳定年制」や「正社員消滅」が語られるようになった。

パートタイム労働者が増え始めるのは一九六〇年代後半からであるが、すでに五〇年代から、賞与、諸手当、昇進などのほとんどない低時給の女性労働者が男性の一般労働者に比べて劣った雇用身分として存在していた。一九七〇年代後半から八〇年代初めにかけて、女性パートが量的に無視できない一般的な存在になると、賞与、諸手当、昇進などがある「一般労働者」が広く「正社員」と呼ばれるようになった。

一九八五年には労働者派遣法が成立し、それまで職業安定法で禁止されてきた労働者供給事業が「派遣」と言い換えられて一部解禁された。その後、九〇年代後半から二〇〇〇年代前半にかけて派遣が原則自由化され、製造派遣も含め派遣労働者が大幅に増加するとともに、雇用の階層的・身分的序列が目に見えて強まった。

二〇〇八年から〇九年に大量の「派遣切り」があり、〇七年の最盛時と比べると派遣労働者はかなり減少した。しかし、その後も、パート、アルバイト、契約社員、嘱託などの非正規労働者は増え続け、派遣も最近では再び増加する兆しがある。そういうなかで、所得分布の階層化が広がり、中所得層の没落と低所得層のいっそうの貧困化が進行し、従来にもまして「雇用形態」が「雇用身分」として意識されるようになり、「雇用身分社会」とでもいうべき社会状況が出現したのである。

本書では仕事とともに住居を失ったホームレスや、「研修生」として入国して違法な低賃金で「奴隷的」労働を強いられている外国人労働者については立ち入らなかった。住宅問題は一面で貧困問題であるが、それにも本書は触れていない。この間、経済的理由で大学に進学できない若者が増えてきたが、教育が雇用身分社会に及ぼす影響についても考察するゆとりがなかった。また、高齢者の貧困問題についても、第6章で生活保護に関連して少し触れただけで、正面からは取り上げていない。

こういう空白もあるが、著者としては、本書の特色は、歴史的視野から変化のなかの日本の労働社会の全体像を、「雇用身分制」をキーワードに概観したことにあると思っている。この一〇年間に私は、前述の二冊の岩波新書のほかに、『貧困化するホワイトカラー』『強欲資本主義の時代とその終焉』『過労死は何を告発しているか』『格差社会の構造』『貧困社会ニッポンの断層』などの単著と共編著を公刊してきた。ほかに本書につながる論文もいくつか物してきた。本書はこうした研究の一応の締めくくりである。言い換えれば、私が「企業中心社会」「働きすぎ社会」「格差社会」「貧困社会」などの名辞で語ってきた日本の労働社会の変化の行き着いた姿――それが「雇用身分社会」である。

しかし、雇用身分社会は制度的に固まったシステムではなく、いってみれば液体から固体への移行過程のシャーベット状の社会秩序である。いまならちょっとした改革で形成途上の雇用身分社会の進行を阻止し、現代版の雇用身分制を乗り越えることができる。たとえば、派遣労働を規制し、最低賃金をパートやアルバイトであってもなんとか生活できる水準にまで引き上げ、合わせて性別賃金格差を解消し、八時間労働制を実現するだけでも、働き方はいまよりはるかにまともなものになる。

本書の構想が浮かんだのは関西大学を定年退職する直前の二〇一四年三月末であった。退職後は講義などの授業負担はなくなったものの、原稿執筆の依頼が増えたうえに、二〇一〇年に始まった過労死防止法の制定運動が大詰めを迎えて、月に二〜三回上京する羽目になり、退職前よりかえって忙しくなった。同年の六月に成立し、一一月に施行されてからは、厚生労働省に過労死防止対策に関する「大綱」を策定するために「協議会」が置かれ、その会合や事前の打ち合わせのために東京出張が重なり、本書の準備もなかなか進まなかった。ようやく時間が取れるようになったのは、一五年五月に「過労死防止学会」の結成に漕ぎ着けてからである。

とはいえ、これらの活動は労働法制や雇用政策の生きた学習の場になって、本書の執筆にプラスになることが多かった。こうした経過を振り返るとき、過労死防止法の成立と協議会での大綱づくりのために私以上に努力された、全国過労死を考える家族の会と過労死弁護団全国連絡会議の中心的メンバーの方々にお礼を言わなければならない。

近年、私の研究上の関心は過労死問題から雇用問題や貧困問題に広がってきた。この点では関西大学大学院経済学研究科の社会人を含む元ゼミナール生のみなさんとの討論に多くを負っている。前出の『格差社会の構造』と『貧困社会の断層』の共著者の方々にも少なからず教えられた。NPO法人「働き方ASU-NET」における議論も本書の想源として欠かせないものであった。

本書の草稿ができた時点で、何人かの人に読んでいただいた。そのなかで、叙述や文献について貴重な助言を与えてくださった伍賀一道さん、坂本悠一さん、高橋邦太郎さんには特別にお礼を言いたい。高田好章さん、中野裕史さん、森岡洋史さんには文献・資料についてお世話になった。長年の研究友達である青木圭介さんと成瀬龍夫さんには今回も得難い励ましをいただいた。

ほかにもお礼を言わなければならない方々がいるが、別に研究書をまとめる予定もあるので、今回は割愛させていただく。

本書の刊行にあたっては、岩波書店の上田麻里さんから、前述の二冊の新書の出版のときにもまして、プランの段階から校正にいたるまで貴重なご意見とご助言をいただいた。校正者の方にはずいぶん助けられた。ここに記して心よりお礼を申し上げる。

最後に場違いを承知で言い添えたいことがある。私は二〇一四年一月に関西大学経済学部で行った最終講義のおわりに、過労死防止法の制定や、ブラック企業批判の高まりや、反原発運動の盛り上がりの例を挙げて、人びとが声を上げることの大切さを訴えた。一五年の夏は、「安全保障関連法案」という名の戦争法案に対して学生や若者や母親が街頭に出て反対の声を上げるニュースに接することが多くなった。これには長年の教員生活において出逢ったことのない大きな変化を感じる。願わくは戦前回帰の雇用・労働改革についても、もっと関心と疑問が広がり、まともな雇用の実現を求める声が高まってほしいものである。

二〇一五年九月一七日　戦争法案廃案の声を聞きながら

森岡孝二

主要参考文献

＊著者名の五十音順，英語文献，白書，統計資料は割愛した．本文に掲げていない若干の文献を追加した．

阿部彩『子どもの貧困 ── 日本の不公平を考える』岩波新書，2008 年

石原修「衛生学上ヨリ見タル女工之現況」『国家医学会雑誌』第 332 号，1913 年，籠山京編集・解説『女工と結核』光生館，1970 年．講演「女工と結核」を収録

茨木市史編さん室編『新聞にみる茨木の近代 V ── 三島地域新聞記事集成』2014 年

今野浩一郎『正社員消滅時代の人事改革』日本経済新聞出版社，2012 年

岩井浩・福島利夫・菊地進・藤江昌嗣編著『格差社会の統計分析』北海道大学出版会，2009 年

岩田正美『現代の貧困』ちくま新書，2007 年

ウィルキンソン，R. G.『格差社会の衝撃 ── 不健康な格差社会を健康にする法』池本幸生・片岡洋子・末原睦美訳，書籍工房早山，2009 年

氏原正治郎『日本経済と雇用政策』東京大学出版会，1989 年

江口英一「都市における貧困層の一集団の形成に関する研究 ── パート・タイマーの場合」『社会福祉(日本女子大学)』第 7 号，1960 年

江口英一『現代の「低所得層」』上中下，未来社，1979～80 年

江口英一監修，労働運動総合研究所・全国労働組合総連合『現代の労働者階級 ──「過重労働」体制下の労働と生活』新日本出版社，1993 年

NHK「女性の貧困」取材班『女性たちの貧困 ──“新たな連鎖”の衝撃』幻冬舎，2014 年

主要参考文献

エーレンライク，B.『ニッケル・アンド・ダイムド ── アメリカ下流社会の現実』曽田和子訳，東洋経済新報社，2006 年
エンゲルス，F.『イギリスにおける労働者階級の状態 ── 19 世紀のロンドンとマンチェスター』上下，一條和生・杉山忠平訳，岩波文庫，1990 年，原本 1845 年
OECD『日本経済白書 2007』大来洋一監訳，中央経済社，2007 年
大河内一男編『社会保障』有斐閣，1957 年
大沢真理『現代日本の生活保障システム ── 座標とゆくえ』岩波書店，2007 年
「外国人労働者問題とこれからの日本」編集委員会『〈研修生〉という名の奴隷労働』花伝社，2009 年
苅谷剛彦『階層化日本と教育危機 ── 不平等再生産から意欲格差社会(インセンティブ・ディバイド)へ』有信堂高文社，2001 年
河上肇『貧乏物語』岩波文庫，1947 年，原本 1917 年
川西玲子・小林雅之「官製ワーキング・プアと自治体の役割」『経済』2009 年
川人博『過労自殺 第二版』岩波新書，2014 年
川村遼平『若者を殺し続けるブラック企業の構造』角川 one テーマ 21，2014 年
紀田順一郎『東京の下層社会』ちくま学芸文庫，2000 年
熊沢誠『労働のなかの復権 ── 企業社会と労働組合』三一新書，1972 年
熊沢誠『女性労働と企業社会』岩波新書，2000 年
熊沢誠『格差社会ニッポンで働くということ ── 雇用と労働のゆくえをみつめて』岩波書店，2007 年
熊沢誠『働きすぎに斃れて ── 過労死・過労自殺の語る労働史』岩波書店，2010 年
黒井勇人『ブラック会社に勤めてるんだが，もう俺は限界かもしれない』新潮社，2008 年
経済企画庁総合計画局編『21 世紀のサラリーマン社会 ── 激動する日本の労働市場』東洋経済新報社，1985 年

伍賀一道『「非正規大国」日本の雇用と労働』新日本出版社，2014年
小島八重子「神奈川 正社員なみの一時金・社会保険がほしい」『労働運動』第183号，1981年
小林多喜二『蟹工船 一九二八・三・一五』岩波文庫，2003年．「蟹工船」は雑誌『戦旗』で1929年に発表
小林美希『ルポ 職場流産 —— 雇用崩壊後の妊娠・出産・育児』岩波書店，2011年
駒村康平『中間層消滅』角川新書，2015年
雇用のあり方研究会編著『ディーセント・ワークと新福祉国家構想』旬報社，2011年
近藤克則『健康格差社会 —— 何が心と健康を蝕むのか』医学書院，2005年
今野晴貴『ブラック企業 —— 日本を食いつぶす妖怪』文春新書，2012年
佐倉啄二『復刻 製糸女工虐待史』信濃毎日新聞社，1981年，原本1927年
佐田智子『新・身分社会 ——「学校」が連れてきた未来』太郎次郎社，1983年
シプラー，D. K.『ワーキング・プア —— アメリカの下層社会』森岡孝二・川人博・肥田美佐子訳，岩波書店，2007年
社会保険労務士稲門会編『労働・社会保障実務講義 —— 社会保険労務士の仕事と役割』早稲田大学出版会，2015年
ショアー，J. B.『働きすぎのアメリカ人 —— 予期せぬ余暇の減少』森岡孝二・青木圭介・成瀬龍夫・川人博訳，窓社，1993年
鈴木剛『社員切りに負けない』自由国民社，2010年
高井としを『わたしの「女工哀史」』岩波文庫，2015年，原本『ある女の歴史』現代女性史研究会編・発行，1973〜76年
高島道枝「現代パート労働の日英比較（上）」『経済学論纂（中央大学）』第31巻第1・2合併号，1990年
高瀬豊二『異郷に散った若い命 —— 官営富岡製糸所工女の墓（復

刻版)』オリオン舎，2014年，初版1972年
高田好章「雇用の外部化と製造業における派遣・請負」森岡孝二編『格差社会の構造――グローバル資本主義の断層』桜井書店，2007年
高梨昌「派遣法立法時の原点からの乖離」『都市問題』第100巻第3号，2009年
滝川誠男「パート，臨時職員の労働条件と解雇事由――正社員との差異はどこまで可能か」『労働法学研究会報』第30巻第24号，1979年
竹信三恵子『家事労働ハラスメント――生きづらさの根にあるもの』岩波新書，2013年
橘木俊詔『日本の経済格差――所得と資産から考える』岩波新書，1998年
橘木俊詔『格差社会――何が問題なのか』岩波新書，2006年
トインビー，P.『ハードワーク――低賃金で働くということ』椋田直子訳，東洋経済新報社，2005年
東京都中央労政事務所「非正社員に関する実態調査――小売業・サービス業にみる低成長下の雇用構造(1)(2)」『総評調査月報』1979年
中沢彰吾『中高年ブラック派遣――人材派遣業界の闇』講談社現代新書，2015年
中澤誠『ルポ 過労社会――八時間労働は岩盤規制か』ちくま新書，2015年
中島信吾「心病む悲しき会社人間たち」『朝日ジャーナル』1978年12月22日号
中塚久美子『貧困のなかでおとなになる』かもがわ出版，2012年
仲野組子『アメリカの非正規雇用――リストラ先進国の労働実態』桜井書店，2000年
中野裕史「パートタイム労働者の増大と雇用の身分化」中村浩爾・寺間誠治編著『労働運動の新たな地平――労働者・労働組合の組織化』かもがわ出版，2015年

中村政則『労働者と農民 ── 日本近代をささえた人びと』小学館ライブラリー，1998 年
成瀬龍夫『総説 現代社会政策(増補改訂版)』桜井書店，2011 年
西谷敏『人権としてのディーセント・ワーク ── 働きがいのある人間らしい仕事』旬報社，2011 年
西谷敏ほか『日本の雇用が危ない ── 安倍政権「労働規制緩和」批判』旬報社，2014 年
西成田豊『近代日本の労務供給請負業』ミネルヴァ書房，2015 年
日経連『新時代の「日本的経営」── 挑戦すべき方向とその具体策』(新・日本的経営システム等研究プロジェクト報告)1995 年
農商工高等会議編，山口和雄解題『農商工高等会議議事速記録(上)第一回会議』原書房，1991 年，復刻原本 1897 年
農商務省，犬丸義一校訂『職工事情』上中下，岩波文庫，1998 年
野村正實『日本的雇用慣行』ミネルヴァ書房，2007 年
濱口桂一郎『新しい労働社会 ── 雇用システムの再構築へ』岩波新書，2009 年
浜口武人「正社員でなくてもこんな権利がある」『労働運動』第 136 号，1977 年
早川征一郎・松尾孝一『国・地方自治体の非正規職員』旬報社，2012 年
久本憲夫「正社員の意味と起源」『季刊 政策・経営研究』第 14 号，2010 年
尾藤廣喜・吉永純・小久保哲郎著，生活保護問題対策全国会議監修『生活保護「改革」ここが焦点だ！』あけび書房，2011 年
藤田和恵『民営化という名の労働破壊 ── 現場で何が起きているか』大月書店，2006 年
藤田和恵『ルポ 労働格差とポピュリズム ── 大阪で起きていること』岩波ブックレット，2012 年
藤田孝典『下流老人 ── 一億総老後崩壊の衝撃』朝日新書，2015 年
藤本武『組頭制度の研究 ── 国際的考察』労働科学研究所，1984

年
布施哲也『官製ワーキングプア —— 自治体の非正規雇用と民間委託』七つ森書館，2008 年
フレイザー，J.『窒息するオフィス　仕事に強迫されるアメリカ人』森岡孝二監訳，岩波書店，2003 年
ホジソン，G. M.『経済学とユートピア —— 社会経済システムの制度主義分析』若森章孝・小池渺・森岡孝二訳，ミネルヴァ書房，2004 年
細井和喜蔵『女工哀史』岩波文庫，1980 年，原本 1925 年
細川汀『かけがえのない生命よ —— 労災職業病・日本縦断』文理閣，1999 年
細川汀編著『健康で安全に働くための基礎 —— ディーセント・ワークの実現のために』文理閣，2010 年
本間照光ほか『階層化する労働と生活』日本経済評論社，2006 年
宮内義彦『経営論』東洋経済新報社，2001 年
牟田和恵編『ジェンダー・スタディーズ(改訂版)』大阪大学出版会，2015 年
森岡孝二「日本の労働者の生活構造」過労死弁護団全国連絡会議編『KAROSHI[過労死]国際版』窓社，1990 年
森岡孝二『働きすぎの時代』岩波新書，2005 年
森岡孝二編『格差社会の構造 —— グローバル資本主義の断層』桜井書店，2007 年
森岡孝二『貧困化するホワイトカラー』ちくま新書，2009 年
森岡孝二「株主資本主義と派遣切り」『経済』第 166 号，2009 年
森岡孝二『強欲資本主義の時代とその終焉』桜井書店，2010 年
森岡孝二「労働者派遣制度と雇用概念」『彦根論叢』第 382 号，成瀬龍夫博士退職記念論文集，2010 年
森岡孝二編『就活とブラック企業』岩波ブックレット，2011 年
森岡孝二『就職とは何か ——〈まともな働き方〉の条件』岩波新書，2011 年
森岡孝二「労働時間の二重構造と二極分化」『大原社会問題研究

所雑誌』第627号，2011年
森岡孝二「企業社会日本の成立と崩壊」『経済志林（法政大学）』第79巻第1号，増田壽男教授退職記念号，2011年
森岡孝二「国家公務員の給与削減――異常な日本の賃金減少」『世界』2012年4月号
森岡孝二編『貧困社会ニッポンの断層』桜井書店，2012年
森岡孝二『過労死は何を告発しているか――現代日本の企業と労働』岩波現代文庫，2013年
森岡孝二「ネット上で派遣の社員食堂利用禁止をめぐって大討論」NPO法人働き方ASU-NETホームページ，2014年3月26日
森岡孝二「日本資本主義分析と労働時間」鶴田満彦・長島誠一編『マルクス経済学と現代資本主義』桜井書店，2015年
森永卓郎『年収300万円時代を生き抜く経済学』光文社，2003年
八木光恵『さよならも言わないで――「過労死」したクリエーターの妻の記録』双葉社，1991年
八代尚宏『労働市場改革の経済学――正社員「保護主義」の終わり』東洋経済新報社，2009年
柳川範之『日本成長戦略　40歳定年制』さくら舎，2013年
山田昌弘『希望格差社会――「負け組」の絶望感が日本を引き裂く』ちくま文庫，2007年
山本茂実『あゝ野麦峠――ある製糸工女哀史』角川文庫，1977年
湯浅誠『反貧困――「すべり台社会」からの脱出』岩波新書，2008年
横山源之助『日本の下層社会』岩波文庫，1985年，原本1899年
レスター，J.『奴隷とは』木島始・黄寅秀訳，岩波新書，1970年
労働大臣官房政策調査部編『パートタイマーの実態――パートタイム労働者総合実態調査報告』1990年
脇田滋『派遣・契約社員 働き方のルール――これだけは知っておきたい労働法』旬報社，2002年
渡辺治・岡田知弘・後藤道夫・二宮厚美『〈大国〉への執念　安倍政権と日本の危機』大月書店，2014年

森岡孝二

1944年大分県生まれ.
関西大学名誉教授. 経済学博士.
香川大学経済学部卒業. 69年, 京都大学大学院経済学研究科博士課程退学, 83年, 関西大学経済学部教授(2014年3月まで). 専門は企業社会論. 大阪過労死問題連絡会会長.
著書—『企業中心社会の時間構造』(青木書店), 『日本経済の選択』『強欲資本主義の時代とその終焉』(以上, 桜井書店), 『貧困化するホワイトカラー』(ちくま新書), 『働きすぎの時代』『就職とは何か—〈まともな働き方〉の条件』(以上, 岩波新書), 『過労死は何を告発しているか—現代日本の企業と労働』(岩波現代文庫)など多数.

雇用身分社会　　岩波新書(新赤版)1568

2015年10月20日　第1刷発行
2016年8月4日　第4刷発行

著　者　森岡孝二《もりおかこうじ》

発行者　岡本　厚

発行所　株式会社 岩波書店
〒101-8002 東京都千代田区一ツ橋2-5-5
案内 03-5210-4000　営業部 03-5210-4111
http://www.iwanami.co.jp/

新書編集部 03-5210-4054
http://www.iwanamishinsho.com/

印刷・精興社　カバー・半七印刷　製本・中永製本

ISBN 978-4-00-431568-1　　Printed in Japan

岩波新書新赤版一〇〇〇点に際して

ひとつの時代が終わったと言われて久しい。だが、その先にいかなる時代を展望するのか、私たちはその輪郭すら描きえていない。二〇世紀から持ち越した課題の多くは、未だ解決の緒を見つけることのできないままであり、二一世紀が新たに招きよせた問題も少なくない。グローバル資本主義の浸透、憎悪の連鎖、暴力の応酬――世界は混沌として深い不安の只中にある。

現代社会においては変化が常態となり、速さと新しさに絶対的な価値が与えられた。消費社会の深化と情報技術の革命は、種々の境界を無くし、人々の生活やコミュニケーションの様式を根底から変容させてきた。ライフスタイルは多様化し、一面では個人の生き方をそれぞれが選びとる時代が始まっている。同時に、新たな格差が生まれ、様々な次元での亀裂や分断が深まっている。社会や歴史に対する意識が揺らぎ、普遍的な理念に対する根本的な懐疑や、現実を変えることへの無力感がひそかに根を張りつつある。そして生きることに誰もが困難を覚える時代が到来している。

しかし、日常生活のそれぞれの場で、自由と民主主義を獲得し実践することを通じて、私たち自身がそうした閉塞を乗り超え、希望の時代の幕開けを告げてゆくことは不可能ではあるまい。そのために、いま求められていること――それは、個と個の間で開かれた対話を積み重ねながら、人間らしく生きることの条件について一人ひとりが粘り強く思考することではないか。その営みの糧となるものが、教養に外ならないと私たちは考える。歴史とは何か、よく生きるとはいかなることか、世界そして人間はどこへ向かうべきなのか――こうした根源的な問いとの格闘が、文化と知の厚みを作り出し、個人と社会を支える基盤としての教養となった。まさにそのような教養への道案内こそ、岩波新書が創刊以来、追求してきたことである。

岩波新書は、日中戦争下の一九三八年一一月に赤版として創刊された。創刊の辞は、道義の精神に則らない日本の行動を憂慮し、批判的精神と良心的行動の欠如を戒めつつ、現代人の現代的教養を刊行の目的とする、と謳っている。以後、青版、黄版、新赤版と装いを改めながら、合計二五〇〇点余りを世に問うてきた。そして、いままた新赤版が一〇〇〇点を迎えたのを機に、人間の理性と良心への信頼を再確認し、それに裏打ちされた文化を培っていく決意を込めて、新しい装丁のもとに再出発したいと思う。一冊一冊から吹き出す新風が一人でも多くの読者の許に届くこと、そして希望ある時代への想像力を豊かにかき立てることを切に願う。

（二〇〇六年四月）